金融投资与风险控制研究

周后红 ◎ 著

吉林出版集团股份有限公司

图书在版编目（CIP）数据

金融投资与风险控制研究 / 周后红著 . — 长春：
吉林出版集团股份有限公司 , 2020.4
ISBN 978-7-5581-8291-4

Ⅰ . ①金… Ⅱ . ①周… Ⅲ . ①金融投资－投资风险－
风险管理－研究 Ⅳ . ① F830.593

中国版本图书馆 CIP 数据核字 (2020) 第 047972 号

金融投资与风险控制研究

著　　者	周后红
责任编辑	齐　琳　白聪响
封面设计	李宁宁
开　　本	787mm×1092mm　1/16
字　　数	197 千
印　　张	10.75
版　　次	2021 年 3 月第 1 版
印　　次	2023 年 4 月第 2 次印刷
出　　版	吉林出版集团股份有限公司
电　　话	010–63109269
印　　刷	炫彩（天津）印刷有限责任公司

ISBN 978-7-5581-8291-4　　　　　　　定价：68.00 元
版权所有　侵权必究

前　言

　　时至今日，投资领域经历了一个快速、深刻、不断变化的时期。一方面由于大批新设计出来的证券种类，另一方面在于当今电子科技的进步使得许多新的交易策略创新得以付诸实践，此外，这也得益于投资理论界相关学术成果的快速发展，以及全球证券市场上发生的一些前所未见的大事件。

　　金融投资从狭义的融资概念，发展到今天涵盖各种金融活动和金融行为，不仅在金融工具、金融管理、投资渠道、投资技术、设计领域和影响范围等方面发生了根本的变化，而且对国家经济和世界经济的发展产生着巨大的影响，没有任何一个国家敢于轻视金融投资对国家金融安全甚至社会稳定的作用。金融投资在理论上的日臻完善，在技术水平上的逐步多样化，在管理上的复杂化，使得金融投资知识的重要性日益突出。金融投资不仅是专业知识学习的需要，更是对金融思维方式的熏陶和培养，通过学习，掌握市场经济环境下金融运行的规律，进而善于从眼花缭乱的金融现象中发现金融的本质。然而要成为投资活动中的赢家，必须成功地防范和化解投资风险。有些投资者，业务娴熟，精明干练，但却由于在投资运作时忽视风险，投资效果不尽如人意；有些投资者，清楚防范风险的重要性，但却由于缺乏有效防范风险的办法，而在风险来临之际手足无措。怎样认识和成功防范投资风险呢？从学术理论上讲，风险是投资收益的不确定性。投资风险水平是实际收益率与期望值偏离的程度。这种偏差要通过期望值变量对期望收益的标准差来计算。标准差越大，实现期望收益率的可能性就越小；反之，标准差越小，实现期望收益率的可能性就越大。这在理论上已是不争的共识和结论。然而，在实际投资活动中，可能存在和遇到哪些风险，对这些预期风险又有哪些防范的举措和化解的办法？远不是做一些逻辑推理和数理运算，就可以轻而易举地得出结论的，只能在理论与实践的结合过程中去探寻。

　　本书运用实证经济学的方法，对投资风险在投资过程中的集中点和典型表现，做了分门别类的分析，并从管理操作方面，提示了一些防范风险的要点或办法。

目　录

第一章　金融投资理论 ·············· 1

　　第一节　自由投资理论 ················ 1

　　第二节　政府投资理论 ················ 3

　　第三节　证券投资理论 ················ 6

第二章　投资环境 ·················· 30

　　第一节　实物资产与金融资产 ············ 31

　　第二节　金融资产 ·················· 32

　　第三节　金融市场与经济 ·············· 33

　　第四节　投资过程 ·················· 36

　　第五节　市场是竞争的 ··············· 37

　　第六节　市场参与者 ················· 39

第三章　金融投资市场 ··············· 42

　　第一节　金融投资市场概览 ············· 42

　　第二节　金融投资市场的运行机制 ·········· 48

　　第三节　货币市场及投资工具 ············ 60

　　第四节　资本市场及其投资工具 ··········· 70

　　第五节　金融衍生工具市场 ············· 76

第四章　金融投资风险 ··············· 89

　　第一节　金融投资的市场风险 ············ 89

　　第二节　金融投资的公司风险 ············ 96

　　第三节　金融投资的行业风险 ············ 101

第四节　金融投资的规则风险 ………………………………… 105
　　第五节　金融投资的国际风险 ………………………………… 109

第五章　风险投资的收益和风险分析 ……………………………… 112
　　第一节　风险的界定及其基本特征 …………………………… 112
　　第二节　风险分析 ……………………………………………… 114
　　第三节　风险的衡量 …………………………………………… 116
　　第四节　风险管理 ……………………………………………… 124

第六章　风险投资的内在机制剖析 ………………………………… 131
　　第一节　风险投资的微观基础分析 …………………………… 131
　　第二节　风险投资对宏观经济运行的影响 …………………… 135

第七章　金融投资风险防范 ………………………………………… 139
　　第一节　防范全球金融投资风险的观念 ……………………… 139
　　第二节　防范金融投资风险的产品 …………………………… 148
　　第三节　防范金融投资风险的组合与措施 …………………… 155

参考文献 ……………………………………………………………… 163

第一章 金融投资理论

一般意义上,金融投资主要指以证券为载体的间接投资活动和行为。而金融投资理论也限于这个范畴。为了使读者能够更加全面了解金融投资的发展,在这里,我们将自由投资理论、政府投资理论等纳入金融投资理论体系,以从广义视角展现金融投资,启发读者的思考。

第一节 自由投资理论

自由主义理论由古典政治经济学家提出,经过西方经济学家的丰富与发展,到20世纪初在西方经济理论中占据了主流地位。其要旨是自由经济、自由经营、自由贸易、自由投资等经济思想,主张最大限度地利用市场竞争机制,由私人协调社会经济活动,包括金融投资活动。

金融自由投资理论包含在自由主义理论之中。

经济自由主义思想建立在"经济人"假设基础之上,该假设也是经济学说中分析个人经济行为和社会经济活动的基本出发点。"经济人"假设是指以个人功利主义为基础,把人抽象为利己主义、追求个人利益最大化的化身。经济自由主义鼻祖亚当·斯密认为,"经济人"行为是普遍的,之所以具有普遍性,是因为个人对物质利益的追求是共同的。"经济人"除了具有实现个人利益最大化的本性以外,一个重要特性就是自由竞争、自由择业、自由投资、自由经营、自由贸易以及生产要素的自由流动。亚当·斯密指出:"每一个人,在他不违反正义的法律时,都应听其完全自由,采用自由的方法,追求自己的利益,以其劳动及资本和任何其他人相竞争。"当然,有时人们的行为,尤其是在非经济活动领域,并非为了谋取经济上的利益,而是出于某种非经济动机,如良心、荣誉、地位、权力、社会责任感等。但是,如果对利益作广义解释,"经济人"假设在绝大多数场合都可以得到验证。

亚当·斯密认为:一个国家最好的经济政策是经济自由主义。人的本性是利己的,经济活动是为了自身利益最大化。但是,为实现自身利益所进行的一切活动都受"看不见的手"的指引。在"看不见的手"的调节下，人们在追求自身利益最大化的同时，达到了一个并非他本意的目的，即促进社会财富的增加。由于有"看不见的手"的指导，个人追求自身利益的最大化本意并非对社会有害，相反，个人追求自己利益，往往能比真正出于本意的情况下更有效地促进社会的利益。

市场机制理论是古典经济学在"看不见的手"的基础上，从理论上对市场经济规律和市场运行机制的概括，阐明了在市场运行过程中的价格机制、竞争机制、供求机制发挥作用的规律。

这一理论的提出为经济自由主义学说奠定了坚实的基础。市场机制理论认为市场的作用表现在三方面：第一，商品生产者之间的利益在等价交换原则下，通过价格的波动得到调整，个人利益得到保护，社会利益（国民财富）得到增进；第二，随着价格围绕价值上下波动，总供给与总需求在其矛盾运动中实现平衡，过程表现为：不平衡→平衡→不平衡→平衡……当出现不平衡时，市场本身的力量可使其恢复平衡；第三，经济主体在价格信号指示下，在所实现的趋利避害过程中不断调整经济活动，从而不断调整资源（资本和劳动）的配置，使资源配置由不合理到合理。

市场机制在经济生活中充分发挥作用，必须以资本、劳动等生产要素的自由流动和自由竞争为前提。亚当·斯密认为，没有自由和普遍的竞争，就不会有良好的经营，就不能驱使每个人为自己的利益而采用良好经营的办法。为此，必须反对垄断，反对国家干预，建立完全自由竞争的市场模式。亚当·斯密把自由竞争中生产要素自由流动看成是有利于生产，能为资本和劳动等要素找到最有利的用途，使商品价格和社会收入达到最大化的一种经济模式。在亚当·斯密看来，市场机制近乎完美，政府调控不必要甚至是有害的。政府的作用应当限于国防事业，为公民提供司法保护建设并维护公共事业及某些公共设施等。

亚当·斯密之后，又有许多经济学家进一步补充了经济自由主义理论，但基本观点都强调了市场机制的重要性，反对政府干预。直到20世纪初，经济自由主义理论在经济理论体系中都占据着主流地位，也是西方国家政府信奉的经济理论。

20世纪30年代之前，在经济自由主义理论的影响下，西方国家金融投资领域长期处于自由放任状态，这一方面有利于资本自由流动，促进了经济发展；另一方面，随着金融市场的发展，投机现象开始严重，金融体系蕴含着极大的风险。20世纪30年代大萧条的发生，动摇了自由放任经济思想的信条，凯恩斯主义的政府干预理论成为经济理论的主流。

第二节 政府投资理论

20世纪30年代"大危机"的爆发，动摇了自由市场经济信念，主张政府干预经济的凯恩斯主义应运而生，凯恩斯主义理论为政府投资干预经济提供了理论上的支持。

一、市场失灵与政府投资

市场价格机制在经济中发挥着重要作用，像一只看不见的手牵引着资源的配置。但是在发达的经济中，市场的快速变化、资源分布的非均衡和集团组织对市场的影响，使市场价格机制在很多场合中不能实现资源的有效配置，存在一定的缺陷；这些缺陷通过市场机制的自发作用不能解决，或是解决不好，被称作"市场失灵"。政府干预理论认为，弥补市场失灵需要政府进行适当干预。政府投资是政府干预以弥补市场失灵的重要途径。

（一）自然垄断需要政府干预

市场效率以完全自由竞争为前提，然而现实的市场运转往往与这一充分条件相差甚远。当某一行业在产量达到较高的水平之后，就会出现规模收益递增和成本递减趋势，产生自然垄断，在规模经济显著的行业尤其如此。垄断者可能凭借垄断优势，通过限制产量抬高价格，使价格高于边际成本获得额外利润，从而丧失市场效率。为了避免垄断带来的福利损失，大多数国家政府都采取了一系列措施，包括对供水、电话、电力等自然垄断行业价格和利润加以管制，或者由政府直接投资这些行业负责经营。

（二）经济外部性需要政府来解决

导致市场经济低效率的第二种因素是外部经济。如果某种产品的产量增加，给其他经济单位或个人带来收益时，称为生产的外部经济，如基础教育就存在很大的外部经济。存在外部经济的情况下，生产产品的社会利益大于私人利益，但在市场经济中企业的产量决策只根据私人利益，不考虑社会利益，这样企业就会较少生产对社会有益的产品，导致社会公共产品供给不足，因而需要由政府来弥补投资社会公共产品这一空缺。

(三）公共物品需要政府来提供

公共物品具有非排他性和非竞争性。一方面增加一个人消费某种公共产品，并不会减少其他人对该产品的消费数量和质量，要排除某个人对该产品的消费也几乎不可能。国防是典型的公共产品，社会的每个成员都能同等享受国家防务体系的保护，排斥别人的消费不可能也不必要。显然，出于自身利益的考虑，人人都希望由别人提供公共产品自己免费使用，由于公共产品的非排他性，这完全可行。另一方面，由于具有非竞争性，这类产品应免费提供，如果不能回收成本赚取利润，市场经济中追求利润最大化的生产者不会提供这类产品。

市场本身无力解决公共产品的有效提供问题，而这些公共产品对消费者又是不可缺少的，因此，通过政府提供公共产品就非常必要，公共产品投资成为政府投资的一个重要方向。

(四）信息的不完全需要政府生产和提供信息

完全竞争市场关于信息的假定可以说是最理想化的。所谓完全信息，是指生产者及消费者不仅充分掌握市场当前正在发生的情况，而且了解今后会出现的事情。但是随着市场规模的不断扩大，信息越来越分散和复杂，加工和处理信息的成本也会升高到无法接受，从而不可避免地出现许多非理性决策。如生活在大都市里的人们，不可能为买一件衬衣跑遍所有商店，这样，他最后选择的衬衫很可能并不是真正的物美价廉。另外，信息从很多方面看也是一种公共产品，增加一个人的消费不会减少其他人的消费量，因此，私人市场所提供的信息往往很不充足，信息的不充分会影响到竞争的充分性，也会影响到市场机制的运转效率，因此，就需要政府来生产和提供信息。

(五）宏观经济增长与稳定需要政府调控

市场经济的共同特征是商业周期。经济发展的历史表明，经济增长方式从来都不是按部就班、一成不变的。一个国家可以享受连续多年令人兴奋的经济繁荣，但往往是经济衰退接踵而来，甚至在极少数情况下会出现长期的经济萧条，导致国民产出下降，利润和实际收入减少，大批工人失业。最后，经济衰退达到谷底并开始复苏。复苏的步伐可能快也可能慢，有可能难以恢复到原先的经济状况，也可能强劲得足以引发下一轮经济扩张。经济繁荣一方面意味着持续较长时期的需求旺盛，就业机会充足，生活水平上升；另一方面，繁荣也可能伴随着通货膨胀，接着触发另一轮经济衰退。总之，产出、通货膨胀、利率和就业的波动构成了商业周期。

失业和通货膨胀是影响宏观经济增长与稳定的两个重要不利因素。面对失业和通货膨胀这两个顽疾，政府通过审慎地运用财政和货币政策，能够影响产量、就业和通货膨胀，保持宏观经济的增长与稳定。二战后的30年内，工业发达国家在扩张性财政政策和货币政策的刺激下，市场经济经历了长期的增长。20世纪80年代，西方国家政府开始制定宏观经济政策，促进经济增长与生产率提高等长期目标的实现。可见，市场决定了私人部门产品的价格与产量，而政府干预和经济管理调控总体经济的平稳运行。

二、凯恩斯主义理论与政府投资

"供给自动创造需求"的萨伊定律，相信政府没有必要干预经济，政府对经济应采取自由放任的态度。在经济危机频繁爆发的背景下，主张政府干预经济的凯恩斯主义崛起，凯恩斯主义理论将政府投资提到了前所未有的重要地位，是政府投资的理论基石。

凯恩斯批判了市场机制能自动保持"总供给＝总需求"的萨伊定律，指出在三大心理规律作用下，有效需求必然不足："心理上的消费倾向使消费增长赶不上收入的增长，引起消费不足""心理上对资产未来收益之预期"和"心理上的灵活偏好"使预期利润率有偏低趋势，引起投资需求不足。也就是说，如果任由市场机制自发作用，宏观经济就不能保持均衡状态。因此，凯恩斯主张政府负起投资的责任，调节总需求，使总需求与总供给相适应。

凯恩斯之所以强调政府从事投资，还因为投资的变动对于国民收入增长产生的影响要比投资量变动本身大得多，即乘数原理。依据乘数原理，政府不论出于什么样目的从事一项投资，都会引起国民收入的成倍增长。乘数原理证明了政府干预的有效性。另外，1958年，经济学家菲利蒲斯依据历史统计数据绘制了一条曲线，该曲线表明，物价上涨率与失业率之间存在交替关系，被称为"菲利蒲斯曲线"。菲利蒲斯曲线被许多经济学家用来说明政府干预的有效性，即通过调节物价上涨率和失业率两个变量中之一，使另一个变量达到合意水平，或者说政府可以通过扩大总需求，使物价上涨率和失业率保持在合理范围之内。政府投资和税收政策是最强有力的总需求调节工具。

在凯恩斯理论的政策化过程中，逐步形成了被广泛接受的政府宏观干预方式：政府"相机"运用财政、货币政策。相机的财政政策是指在经济萧条时期减税，增加财政开支，必要时可以运用赤字政策；经济高涨时期增税，减少财政开支。相机的货币政策是指在经济萧条时期降低利率增加货币投放，经济高涨时期采取相反的政策措施。为了缓冲财政、货币政策的出台力度，可以采取二者"松紧搭配"的方式。

第三节 证券投资理论

一、证券投资的概念

证券投资是指投资者（法人或自然人）购买股票、债券、基金等有价证券以及这些有价证券的衍生产品，以获取红利、利息或资本利得为目的的行为和投资过程。

证券投资具有一般意义上投资的内涵，但又存在明显区别于其他投资形式的一些特点。首先，证券投资是一种金融投资而不是实业投资，金融投资的对象是各种金融工具，而实业投资是指形成固定资产和流动资产的投资活动，其物质载体是各类固定资产和流动资产。其次，证券投资是一种直接投资，而不是间接投资。直接投资与间接投资两者的区别在于投资者的初始资金是否通过金融中介机构进行重新组合和选择，然后才进入资金的最终使用。再次，证券投资是一种高风险投资，原因在于证券投资的结果具有高度的不确定性。在各类资本证券中，除债权类证券的预期收益较为确定外，股权类证券特别是衍生证券的收益和价格变动由于受到复杂因素的影响，投资结果不确定，因而可能给投资者带来重大损失。最后，证券投资是一种高收益投资。理论上说，证券投资的高风险必须通过高收益进行补偿，以体现预期收益与预期风险相匹配原则。在现实中，大量的实证研究结果表明，证券投资收益高于其他类型的投资收益，而股权类证券的收益又高于债权类证券。

二、证券投资工具

证券投资必须通过投资于不同的金融工具才能得以实现，下面我们试图比较全面地介绍金融市场上的各类金融工具。一般而言，金融市场上有四大类不同性质的金融工具，即固定收益投资工具、股权投资工具、投资基金工具和衍生证券投资工具。

（一）固定收益投资工具

固定收益证券（fixed income instrument）是指证券持有人可以在约定时间内取得相对固定的收益，并预先知道取得收益的数量和时间。固定收益证券是一大类重要金融工具的总称，其中主要有财政债券、政府机构债券、市政债券、公司债券、资产支持债券、国际债券等。

固定收益投资工具的特点是：有一个合约化的强制性支付时间安排。尽管确保合约履行的法律效力会有所变化，而且这种变化会影响该投资的风险及必要收益率，但这类投资合约都承诺在预定日期向投资者支付一定数量的收益。其中一个极端的情形就是当发行公司在指定时间没有向投资者支付收益时，债权人就可以宣布该公司破产。尽管一些固定收益证券并不强制和固定支付，如收益债券只在发行公司盈利时才对投资者支付收益，但支付与否，以及支付的数量和时间都已经在当前的合约中进行了明确的规定。投资于固定收益证券（优先股除外）的投资者，实质上是证券发行者的债权人。也就是说，投资者贷出一定数量的资产（即本金）给借款者，然后以贷款利息作为回报，借款者承诺定期支付贷款利息，并在到期日归还本金。

固定收益投资工具种类繁多，常见的固定收益投资工具主要有以下几种：

1. 储蓄账户

你可能没有把储蓄当成一种固定收益投资，但是当个人把钱存入银行的储蓄账户里时，就等于借钱给这些机构并获得固定数额的利息，储蓄账户由于保险系数较大，通常被认为是便利的、流动性高的低风险投资工具，不过它的收益率与其他投资工具相比也较低。为吸引具有不同投资目的的投资者，储蓄账户又分成不同类型。

（1）储蓄账户存折

储蓄账户存折没有最低余额限制，允许储户随时提取，但同样也获得利息。正是由于它具有很强的流动性，所以其承诺的利息支付也非常低。

（2）大额可转让定期存单

对那些具有大量资金，而且愿意放弃流动性的投资者，银行为他们设计了大额可转让定期存单（negotiable certificate of deposit，CD），具有固定面额、固定期限（通常为3个月、6个月、1年和2年），而且可以转让。存单的承诺利率要高于储蓄账户存折，且其利率随着存款金额的增多和存期的延长而提高。如果投资者要在存单到期前收回资金，可以在二级市场上转让。

（3）货币市场存单

就短期投资而言，投资者通常可投资于美国政府的短期国债（treasury bill，T-Bill），即期限为3个月到12个月不等的美国政府短期债券。为了与短期国债竞争，美国的银行发行了货币市场存单（money market certificates），这种存单要求的最低投资额为10 000美元，最短期限为6个月，其承诺的利率是在6个月期短期国债利率的基础上加一定的风险溢价，因此收益率高于短期国债利率。但投资者只能在发行银行处兑现这种存单，如果在到期前提现将要被收取一定的罚金,因此,流动性不如短期国债。

2.资本市场工具

资本市场工具(capital market instruments)通常是指期限在1年以上,可在二级市场上进行交易的固定收益债券。也就是说,尽管这些债券的期限在1年以上,但如果债券持有人想提前收回投资,可以在二级市场上将它转卖给其他个人或机构。除此之外,我们将公司发行的优先股也划为固定收益投资工具。

美国有全世界最发达的债券市场,2011年债券市场余额超过了36万亿美元,而且规模还在不断增加。

美国债券市场非常发达,因此,在本章中我们主要介绍美国债券市场上的债券种类。

按照不同的标准,债券有不同的分类,我们首先按债券发行主体将债券分为:美国国债、美国政府机构债券、市政债券和公司债券。

(1)美国国债

美国国债(U.S.treasury securities)是指所有由美国财政部发行的固定收益投资工具。

它们可分为短期国债(treasury bill,T-Bill)、中期国债(treasury note,T-Note)或长期国债(treasury bond,T-Bond),所不同的只是到期期限的长短。具体地说,短期国债的期限为1年以内,中期国债的期限在1年以上、10年以下,长期国债的期限则为10年以上。另外,美国政府的债务证券几乎不存在违约风险,因为它以美国国家信用作为担保,因而具有很高的流动性。

(2)美国政府机构债券

美国政府机构经常为特定项目的建设进行融资而发行债券,但它不是美国财政部的直接债务。可以发行美国政府机构债券(U.S.government agency securities)的机构有联邦国民抵押协会(FNMA),此协会能出售债券并用出售债券的收入从保险公司或储蓄贷款机构处购买抵押贷款。这样的机构还有联邦住房贷款银行(FHLB),它向其下属的12家银行出售债券并向它们提供贷款,进而为储蓄和贷款机构及其他进行抵押贷款机构提供信用担保。另外一些机构还包括政府国民抵押协会(GNMA)、合作银行、联邦土地银行(FLB)和联邦住宅管理局(FHA)。

虽然这些政府机构所发行的债券不是联邦政府的直接债务,但它们实际上也几乎没有违约风险,联邦政府不会让这些机构违约,因此,这类债券的流动性也很好。但由于它们没有财政部的官方正式担保,所以也具有一定的风险。同时,由于它们的流动性不如国债,因而其收益率要略高于国债。

（3）市政债券

市政债券（municipal bonds）也称为地方政府债券。市政债券是由地方政府组织发行的一般责任债券或者收益债券。其中一般责任债券（general obligation bond）是以地方政府全部的税收能力作担保而发行的债券；收益债券（income bond）则是按其所融资的工程项目产生的收益来支付利息，如用来支付排水工程债券利息的收入来自自来水的税收。市政债券与其他固定收益证券不一样，前者是免税的，如果投资者为本州居民，则来自市政债券的收入对联邦政府和发行债券的州政府都是免税的，由于这一原因，使得那些面临较高税级的投资者非常喜欢投资于市政债券。如果一名投资者的边际税率为35%，购买一种普通的利率为8%的债券，其税后净收益仅为5.20%[0.08×(1－0.35)]。

这样，投资者将更愿意投资于风险程度相当，但免税的收益率为6%的市政债券。由于市政债券免税这一特点，它的收益率就要比应税的同等风险债券略低一些。

（4）公司债券

公司债券（corporate bonds）是由工商企业、公用事业公司或铁路公司为开发新项目购买设备或为营运资本融资而发行的固定收益证券。它们可以根据不同发行者的信用等级进行分类，也可以根据期限长短进行分类（短期、中期或长期），或者根据债券契约的具体条款进行分类（偿债基金条款或提前赎回条款）。

以上的分类以发行主体为依据进行划分。在介绍其他分类之前，我们对债券的特征再做一些分析。契约（indenture）是所有债券的共同点，即以法律的形式规定发行人对持有人应尽的义务，包括利息支付时间表和对债券持有人或债券发行人的保护性条款等。

常见的条款比如提前赎回条款（call provisions）和偿债基金（sinking fund）条款。其中提前赎回条款赋予了债券发行公司可以在债券到期前提前赎回债券的权利，债券持有人必须把债券卖还给该公司，发行公司向持有人支付本金和一个小的溢价作为补偿。而偿债基金是指债券发行人为偿还未到期的债务而设置的专项基金，并由第三方托管，专项用于偿付债券，一般是在债券实行分期偿还方式下才予以设置，偿债基金一般是每年从发行公司盈余中按一定比例提取，也可以每年按固定金额或已发行债券比例提取，偿债基金的设立降低了债券的违约风险。按照债券发行人（这里主要指公司）在合约中向投资者的承诺，公司债券又划分为以下几种类型。

①高级担保债券

高级担保债券（senior secured bonds）是最高信用级别的债券，具有最低的违约风险。

根据担保资产的不同，它又可以分成以下几种类型：a.抵押债券（mortgage bonds），是以被留置的土地和建筑物等实物资产做抵押物。在公司破产时，这些资产出售的收入必须先用来偿付抵押债券的持有人。b.担保信托债券（collateral trust bonds），实质上也属于一种抵押债券，只不过它用来做抵押的资产是一些金融资产，如股票、本票和其他高质量的债券等。c.设备信托债券（equipment trust certificates），是指以特定的交通运输设备，如火车头、铁路车厢及航空公司的飞机等作为抵押物发行的债券。

②信用债券

信用债券（debentures）只承诺向债券持有人还本付息，但没有保证任何具体形式的抵押物。这意味着债券持有人只能依赖借款者的经营能力等来判断借款者是否会自觉履行付款的承诺。信用债券的持有人通常对公司收益和未被抵押的资产具有第一求偿权，如果发行人没钱支付利息，那么信用债券持有人有权宣布该公司破产，并处理公司未被抵押的资产以偿付债券。

③次级债券

次级债券（subordinated bonds）与信用债券相似，没有具体形式的抵押物。只是在违约时，它对公司在清偿了高级担保债券和信用债券持有人债务后的剩余资产才有求偿权。也就是说，次级债券对公司资产的求偿权低于其他债券。进一步，按求偿权的顺序，次级债券又可分为高级次级债券、中级次级债券和低级次级债券。在所有的公司债券中，低级次级债券对资产的求偿权位于最后。

④收益债券

尽管规定了利息支付的时间表，但只有在发行者取得一定的收益时，收益债券（income bonds）才在规定的时间支付利息。如果公司的利润没有达到要求的数额，它可以不必支付利息，而且也不用宣布破产，通常，这部分拖欠的利息会用以后的盈利来弥补。由于发行公司只有在盈利的情况下才支付利息，所以收益债券的安全性不如抵押债券或信用债券，因而收益债券的利率都较高，以补偿这类债券的安全性风险。公司发行的收益债券数量都比较少，但地方政府的收益债券相当受欢迎，地方政府发行的债券基本上都属于收益债券。

⑤可转换债券

在具有一般债券特点之外，可转换债券（convertible bonds）还有一个特点，就是债券持有人可以将其转换成发行公司的普通股。例如，公司可以发行面值为1 000美元的债券，并规定债券持有人可到发行公司处将其转换成40股该公司的普通股。如果公司前景乐观的话，投资者很愿意购买这种债券，因为这种债券既具有固定收益证券的特点，还具有可转换成公司普通股的选择机会。

由于上述原因，与那些具有相似风险的不可转换债券相比，可转换债券的利率通常较低。而且两者收益之间的差异会随着公司潜力的增长而不断扩大，原因是不断增长的潜力提高了将债券转换成普通股的选择权的价值。且这种债券的等级一般要低于那些不可转换的公司债券，所以它通常被认为是具有较高的信用风险，从而被评级公司评为较低等级的公司债券。

⑥附有认股权证的信用债券

附有认股权证的信用债券是另一种类似可转换债券的债券。认股权证（warrant）允许该债券持有人在特定时期内以特定价格购买该公司特定数量的普通股。认股权证规定的股票购买价一般比公司普通股的发行价高，但要比预计的未来价格低。所以这种认股权证使这种债券更受欢迎，但同时也降低了其收益率。当该债券持有人执行这一权利购买该公司的普通股时，这种认股权证也会为公司提供未来的普通股资本。

接下来，我们介绍有别于债券的一类特殊的固定收益投资工具优先股。首先，优先股由于通常没有明确的期限，因此属于资本市场工具。其次，把优先股归为固定收益的证券是因为它每年的收益被定为一个固定股息（如面值的5%），或被定为固定数量的金额（如每股5美元），但优先股又不同于债券，因为优先股支付给投资者的是股利，并不是强制的，不受法律约束。优先股与普通股股利的分发相似，每一期股利的分发都由公司董事会投票表决。即使公司的盈利足够用来支付优先股的股利，从理论上讲，董事会仍可表决不予分配。

虽然优先股的股利支付并不像债券利息支付那样受法律约束，但在现实中它还是要受约束，因为拖欠股利会影响公司信誉和形象。换句话说，多数优先股的股利是累积的（cumulative），即未支付的股利通常会在今后全额补发。此外，公司间优先股股利的80%是免税的，所以它成为对公司而言很有吸引力的投资工具。例如，一家持有另一家公司优先股的公司获得优先股股利100美元，那么这100美元中有80美元可以免税，其应税收入仅为20美元。假如该公司的税率为40%，那么它的应纳税额为8美元，只占其总收入的8%而不是40%，正因如此，高等级优先股的收益率一般都要低于高等级债券。

3. 国际债券投资工具

在美国，投资者可获得的固定收益证券中，有一半以上是其他国家的公司发行的。对于这些证券，投资者们以不同的方式来识别：有的以证券发行者的国别或城市名识别（如美国、英国和日本）；有的以证券的主要交易市场所在地识别（如美国、伦敦）；有的以证券主要购买者的国籍识别；有的以证券计价的币种识别（如美元证券、日元证券和英镑证券）。

（1）欧洲债券

欧洲债券（Euro bonds）是一种以非发行地国家货币计价的国际债券。欧洲债券具体包括欧洲美元债券、欧洲日元债券、欧洲德国马克债券和欧洲英镑债券。其中欧洲美元债券是在美国之外发行，向非美国投资者出售的以美元计价的债券。例如，美国通用汽车公司在伦敦发行的以美元计价的债券就是一种欧洲债券。

欧洲债券也可以以日元或德国马克计价。例如，新日本制铁公司可以在伦敦发行欧洲日元债券。同时一家美国公司若认为投资者想购买外国货币债券时，它也可以在伦敦发行欧洲日元债券。

（2）扬基债券

扬基债券（yankee bonds）是指外国公司或政府在美国市场上发行的以美元计价的债券。这样就可以使美国居民购买外国公司或政府的债券，且他们获得的收入是以美元支付的，从而消除了汇率风险。

英国航空公司在美国发行的以美元计价的债券就是一个例子。同样，这种债券也可以在其他国家发行，如非英国公司在英国发行的以英镑计价的债券，或非日本公司在日本发行的以日元计价的债券。

（3）国际化的国内债券

国际化的国内债券（international domestic bonds）是指一种发行者在国内以本币计价，但允许外国投资者购买的债券。如新日本制铁公司在日本发行以日元计价的债券，美国投资者可以购买这种债券，从而能使投资者的投资组合实现投资分散最大化，但同时投资者也要承担汇率风险。

（二）股权投资工具

股票是股份公司在筹集资本时向出资人公开或私下发行、用以证明出资人股东身份和权利，并根据持有人所持有的股份数额享有权益和承担义务的凭证。股票是一种有价证券，代表着其持有人（股东）对股份公司的所有权，每一股同类型股票所代表的公司所有权是相等的，即"同股同权"。股票可以公开上市，也可以不上市。在股票市场上，股票是投资和投机的对象。

股权投资工具与固定收益证券不同，其收益没有预先的合约规定。也就是说，它们的收益可能高于也可能低于债券的收益率，我们首先从普通股开始介绍，这是一种最普遍的股权投资工具。

1. 常见股权类投资工具

（1）普通股

普通股（common stock）是指拥有一家公司一定所有权的股票。公司普通股的持有者与公司的盛衰紧密相关。如果公司像沃尔玛、麦当劳、微软、英特尔或苹果公司那样发展良好的话，那么该公司的股东就会获得很高的收益率并能变得非常富有。相反，如果公司经营不善或濒临破产，投资者就会遭受损失。当公司破产清算时，优先得到偿付的是债权人。优先股和普通股股东被偿付的只能是余下的部分。投资于普通股既有拥有所有权、可以参与公司经营决策的有利之处，也有不利之处，与固定收益证券相比，它是一种较高风险的投资工具。

根据不同标准，普通股可以有不同的分类。当考虑发行公司的经营领域时，股票可以划分成工业股、公用事业股、交通运输业股和金融机构股等。这种经过划分后的股票又可以进一步按行业细分，如工业股又可细分为汽车工业股、制造业股、化学工业股和饮料工业股等；公用事业股又可以细分为电力公司股、燃气供应公司股和自来水公司股等；交通运输业股可细分为航空公司股、卡车运输公司股和铁路公司股等；金融机构股可细分为银行股、储蓄和贷款机构股、保险公司股和投资公司股等；我们也可以把普通股划分成国内股和国外股，但我们较少使用这种划分方法，这是因为当建立全球普通股分散化投资组合时，这种划分方法的意义有限。在全球资本市场上，分析的重点包括全球各行业的所有公司。这就是说，一家化学公司是在美国还是在德国并不很重要，正如我们不关心一家计算机公司在密歇根州还是在加利福尼亚州一样。因此，当考虑汽车工业时，除通用汽车公司和福特汽车公司之外，我们还应该考虑全球范围内的其他汽车公司，如本田、保时捷、戴姆勒-克莱斯勒、菲亚特和日产汽车公司等。

我们以下关于国际股权的论述将集中于讨论如何买卖这些证券，因为这种程序上的一般知识经常是投资者进行外国证券投资的主要障碍。当考虑到外国证券的风险和收益特征时，许多投资者都认识到了外国股权是一种很有吸引力的投资对象。但投资者有可能由于其烦琐的交易程序而放弃。下面的内容就是通过解释几种可供选择的方式来解决投资者的这种顾虑。

（2）外国股权

目前，购买外国普通股的途径基本上有以下四种：购买或出售美国存托凭证（ADR）；购买或出售美式股票；直接购买或出售在美国或外国股票交易所上市的外国股票；购买或出售国际或全球共同基金。

①购买或出售美国存托凭证。直接获得外国股票的最简单途径就是购买美国存托凭证（American depository receipt，ADR），ADR 是由美国银行发行的一种所有权凭证，它代表拥有某家外国公司一定数量股票的间接所有权。ADR 使美国投资者可以非常方便地投资于外国股票，他们可以用美元交易这些股票并以美元的形式获得所有股利。这意味着它的价格与收益率既反映了发行股票的国内收益率，也反映了汇率的影响。同时一个 ADR 的价格也反映出它代表多股股票这一事实，如一个 ADR 可以代表 5 或 10 股外国股票。银行可以根据股票的需求量来发行 ADR，一个 ADR 的交易费用较高，这部分费用由股票持有者来承担并从其股利中扣除。

②购买或出售美式股票。美式股票是通过一个代表外国公司利益的交易中介机构在美国发行的股票。由于该股票发行时需要外国公司付出一些努力，并承担额外费用，因此这种美式股票的发行数量十分有限。

③直接购买或出售在美国或外国股票交易所上市的外国股票。这是一种最困难而且最复杂的外国股权投资方式。这是因为这种股票交易发生在股票发行公司所在国，而且它的交易必须用当地货币来进行，然后还需要将交易后的股票转移到美国的投资者手中，交易程序非常烦琐。还有一种外国证券投资交易是发生在发行国之外的国家。例如，若投资者购买在伦敦股票交易所挂牌的法国汽车公司的股票，这一股票价格要以英镑表示，如果你的经纪商为伦敦股票交易所的会员单位，则股票的转移也能迅速完成。最后，你还可以考虑购买在纽约股票交易所和美国证券交易所上市的外国公司的股票。这种交易与购买美国公司的股票非常相似，只不过符合并且愿意接受在美国上市所需费用标准的外国公司数量有限，但这一数量还是呈上升趋势的。另外还有许多外国公司在纳斯达克市场（全美证券商自动报价系统）进行交易。

④购买或出售国际或全球共同基金。许多投资公司将其全部或部分基金投资于美国以外的外国公司的股票上。几乎全部投资于外国公司股票的基金称为国际基金；既投资于外国公司又投资于美国公司股票的基金称为全球基金。国际基金能够在多国范围内进行分散化投资；集中在世界某一地区（如欧洲、南美及太平洋盆地）进行投资；集中在一个特定的国家（如日本、德国、意大利或韩国）进行投资；集中在各种类型的市场上（如新兴市场，包括泰国、印度尼西亚、印度和中国等国家发行的股票）进行投资。共同基金对于投资者特别是中小投资者而言是一种较为方便简易的全球投资途径，因

为国际共同基金的买卖与美国国内共同基金的买卖类似。

2.我国的股票类型

（1）按投资主体的性质分类

在我国，按投资主体的不同性质，股票可以划分为国家股、法人股、社会公众股和外资股等不同的类型。

①国家股

国家股是指有权代表国家的投资部门或机构以国有资产向公司投资形成的股份，包括公司现有的国有资产折算成的股份。在我国企业的股份制改造中，原来一些全民所有制企业改组为股份公司，从性质上讲，这些全民所有制企业的资产属于国有资产，因此在改组为股份公司时，就折成国家股。另外，国家资产对新建的股份公司进行投资，也形成了国家股。国家股由国务院授权的部门或机构持有，或根据国务院决定，由地方人民政府授权的部门或机构持有。

国家股从资金上来看，主要有三个方面：现有国有企业改组为股份公司时所拥有的净资产；现阶段有权代表国家投资的政府部门向新组建的股份公司的投资；经授权代表国家投资的投资公司、资产经营公司、经济实体性总公司等机构向新组建的股份公司的投资。如以国有资产折价入股的，须按国务院及国有资产管理部门的有关规定办理资产评估、确认、验证等手续。

国家股是国有股权的一个组成部分（国有股权的另一组成部分是国有法人股）。国有资产管理部门是国有股权行政管理的专职机构，国有股权可由国家授权投资的机构持有，也可由国有资产管理部门持有或国有资产管理部门代表政府委托其他机构或部门持有。国有股股利收入由国有资产管理部门监督收缴，依法纳入国有资产经营预算，并根据国家有关规定安排使用。国家股股权可以转让，但转让应符合国家的有关规定。

②法人股

法人股是指企业法人或具有法人资格的事业单位和社会团体以其依法可支配的资产投入公司形成的股份。法人股股票以法人记名。

如果是具有法人资格的国有企业或事业单位以其依法占用的法人资产向独立于自己的股份公司出资形成或依法定程序取得的股份，则被称为国有法人股。国有法人股属于国有股权。

作为发起人的企业法人或具有法人资格的事业单位和社会团体在认购股份时，可以用货币出资，也可以用其他形式的资产，如实物、工业产品权、土地使用权等作价出资。但对其他形式资产必须进行评估作价，核实财产，不得高估或者低估作价。

③社会公众股

社会公众股是指社会公众依法以其拥有的财产投入公司时形成的可上市流通的股份。在公开募集方式下，股份公司发行的股份，除了由发起人认购一部分外，其余部分应该向社会公众公开发行。我国《证券法》规定，公司申请股票上市的条件之一是：向社会公众公开发行的股份达到公司股份总数的 25% 以上；如果公司股本总额超过人民币 4 亿元的，向社会公开发行的比例为 10% 以上。

④外资股

外资股是指股份公司向外国和我国香港、澳门、台湾地区投资者发行的股票。这是我国股份公司吸收外资的一种方式。外资股按上市地域，可以分为境内上市外资股和境外上市外资股。

境内上市外资股原来是指股份有限公司向境外投资者募集并在我国境内上市的股份，投资者限于：外国自然人、法人和其他组织，我国香港、澳门、台湾地区的自然人、法人和其他组织，定居在国外的中国公民等。这类股票被称为"B 股"，B 股采取记名股票形式，以人民币标明票面值，以外币认购、买卖，在境内证券交易所上市交易。但从 2001 年 2 月对境内居民个人开放 B 股市场后，境内投资者逐渐成为 B 股市场的重要投资主体，B 股的外资股性质发生了变化。境内居民个人可以从事 B 股交易。境内居民个人与非居民之间不得进行 B 股协议转让。境内居民个人所购 B 股不得向境外转托管。经有关部门批准，境内上市外资股或者其派生形式，如认股权证和境外存股凭证，可以在境外流通转让。

公司向境内上市外资股股东支付股利及其他款项，以人民币计价和宣布，以外币支付境外上市外资股是指股份有限公司向境外投资者募集并在境外上市的股份。它也采取记名股票形式，以人民币标明面值，以外币认购。在境外上市时，可以采取境外存股凭证形式或者股票的其他派生形式。在境外上市的外资股除了应符合我国的有关法规外，还须符合上市所在地国家或者地区证券交易所制定的上市条件。依法持有境外上市外资股的投资人，其姓名或者名称登记在公司股东名册上，为公司的境外上市外资股股东。公司向境外上市外资股股东支付股利及其他款项，以人民币计价和宣布，以外币支付。境外上市外资股主要由 H 股、N 股、S 股等构成，H 股是指注册地在我国内地、上市地在我国香港的外资股，命名取香港英文的首字母。以此类推，纽约的英文首字母是 N，新加坡的英文首字母是 S，伦敦的英文首字母是 l，因此，在纽约、新加坡、伦敦上市的外资股分别被称为"N 股""S 股""l 股"。

红筹股是指在中国境外注册、在中国香港上市，但其主要业务在中国内地或大部分股东权益来自中国内地公司的股票。早期的红筹股，主要是一些中资公司收购中国香港的中小型上市公司后重组而形成的；此后出现的红筹股，主要是内地一些省市或中央部委将其在香港的窗口公司改组在香港上市后形成的。现在，红筹股已经成为内地企业进入国际资本市场筹资的一条重要渠道。

（2）按流通受限与否分类

我国证券市场在设立之初，对国有股流通问题总体上采取搁置的办法，形成了股权分置的格局，即流通股份和非流通股份并存。2005年开始，中国股票市场开始了全面的股权分置改革，非流通股东通过向流通股东支付现金、股利等方式，换取流通权。根据中国证券监督管理委员会的相关规定，已完成股权分置改革的公司，按股份流通受限与否可分为以下类别：

①有限售条件股份。有限售条件股份是指股份持有人依照法律、法规规定或按承诺有转让限制的股份，包括因股权分置改革暂时锁定的股份、内部职工股、董事、监事、高级管理人员持有的股份等。具体包括：

第一，国家持股。国家持股是指有权代表国家投资的机构或部门（如国有资产授权投资机构）持有的上市公司股份。

第二，国有法人持股。国有法人持股是指国有企业、国有独资公司、事业单位以及第一大股东为国有及国有控股企业，且国有股权比例合计超过50%的有限责任公司或股份有限公司持有的上市公司股份。

第三，其他内资持股。其他内资持股是指境内非国有及国有控股单位（包括民营企业、中外合资企业、外商独资企业等）及境内自然人持有的上市公司股份。其中，又分为境内法人持股和境内自然人持股两类。

第四，外资持股。外资持股是指境外股东持有的上市公司股份。其中，又分为境外法人持股和境外自然人持股两类。

②无限售条件股份。无限售条件股份是指流通转让不受限制的股份。具体包括：

第一，人民币普通股，即A股，含向社会公开发行股票时向公司职工配售的公司职工股。

第二，境内上市外资股，即B股。

第三，境外上市外资股，即在境外证券市场上市的普通股，如H股。

未完成股权分置改革的公司，按股份流通受限与否可分为以下类别。

①未上市流通股份。未上市流通股份是指尚未在证券交易所上市交易的股份，具体包括：

第一，发起人股份，发起人股份包括国家持有股份、境内法人持有股份、境外法人持有股份、其他。其中，国家持有股份指按照《股份有限公司规范意见》设立的公司所设的国家股及其增量；境内法人持有股份指发起人为境内法人时持有的股份；境外法人持有股份指按照《股份有限公司规范》设立的公司，其发起人为适用外资法律的法人（外商，我国港、澳、台商等）所持有的股份；其他指个别公司发起人与以上分类有区别的特殊情况。

第二，募集法人股份。这是指在《公司法》实施之前成立的定向募集公司所发行的、发起人以外的法人认购的股份。

第三，内部职工股。这是指在《公司法》实施之前成立的定向募集公司所发行的、在报告时尚未上市的内部职工股。

第四，优先股或其他。这是指上市公司发行的优先股或无法计入其他类别的股份。

② 已上市流通股份。已上市流通股份是指已在证券交易所上市交易的股份，具体包括：

第一，境内上市人民币普通股票，即 A 股，含向社会公开发行股票时向公司职工配售的公司职工股。

第二，境内上市外资股，即 B 股。

第三，境外上市外资股，即在境外证券市场上市的普通股，如 H 股。

（三）投资基金工具

到目前为止，所介绍的投资工具都是可从政府、公司或个人处购买的单个证券。然而，除了直接购买上述的单个股票和债券外，你也可以通过购买投资公司的股份间接地获得股票和债券的投资组合。投资公司股份又被称为共同基金或投资基金，它拥有由股票或债券或二者共同构建的投资组合。通常，投资公司（investment company）发行自己的股份，并将发行收入投资于债券、股票或其他投资工具。因此，那些拥有投资公司股份的投资者，就部分拥有了投资公司投资组合中的股票或债券。总之，投资基金为小额投资者提供了分散投资以及专家理财的好处。

投资基金起源于 1868 年的英国，是在 18 世纪末、19 世纪初产业革命的推动后产生的，而后兴盛于美国，现在已风靡于全世界。在不同的国家，投资基金的称谓有所区别，英国和我国香港称之为"单位信托投资基金"，美国称为"共同基金"，日本则称为"证券投资信托基金"。这些不同的称谓在内涵和运作上无太大区别。投资基金在西方国家早已成为一种重要的融资、投资手段，并在当代得到了进一步发展。20 世纪 60 年代以来，一些发展中国家积极仿效，愈来愈多地运用投资基金这一形式吸收国内外资金，促进本国经济的发展。在我国，随着金融市场的发展，在20世纪80年代末出现了投资基金形式，并在90年代以后得到了较快的发展，这不仅支持了我国经济建设和改革开放事业，而且也为广大投资者提供了一种新型的金融投资选择，活跃了金融市场，丰富了金融市场的内容，促进了金融市场的发展和完善。

我们根据投资基金公司投资的主要对象将其分类，证券投资基金可以分为以下几种主要类型：

1. 货币市场基金

货币市场基金（money market funds）是指投资于质量高、期限短的投资工具（货币市场投资工具）的投资公司。货币市场投资工具包括短期国债、高等级的各种公司商业票据和大银行发行的大额可转让定期存单。其中货币市场投资组合的收益率通常高于银行存款，这是因为货币市场基金的投资金额大，单位成本低，且与个人投资者相比，该基金能投资于期限更长的投资工具。另外，商业票据的收益率也高于基准利率。你可随时从你的货币市场基金账户中提取资金（通常只要签发一张支票），不仅不受任何惩罚，而且你还可以获得到资金提取日为止的利息收入。

个人投资者倾向于把货币市场基金作为银行储蓄账户的替代工具，因为它在通常情况下是安全的（尽管货币市场基金没有担保，但由于它通常只投资于那些质量高、期限短的投资工具，所以风险非常小），其收益率也比大多数的储蓄账户高，而且也容易获得。因此，你可以使用这种基金为支付学费和购买汽车的首付款积累资金。由于货币市场基金具有相对高的收益率和极好的灵活性与流动性，因此，这种基金的总市值增长很快。

2. 债券基金

债券基金通常投资于各种长期政府债券、公司债券或地方债券。不同的债券基金投资于由各种评级机构评定的等级不同的各类债券。具体来说，有的基金只投资于没有风险的政府债券或信用等级高的公司债券。而有的基金则集中投资于那些信用等级较低的公司债券或市政债券，信用等级很低的债券又称为高收益债券（high-yield bonds）或垃圾债券（junk bonds），由于债券基金种类的不同，其预期收益率也就不同，即低风险的政府债券基金收益率较低，高风险债券基金的收益率预期较高。

3. 普通股基金

许多普通股基金具有既定的投资目标，有的是为了实现资本增值，有的是为了获得收益，也有的是为了投资国际股票。投资于国外股票的国际股票基金、既在国内投资又在国外投资的全球股票基金为个人投资者在全球范围内进行分散化投资提供了很好的机会。此外，为了满足不同投资者的需求，一些集中投资于经济中的一个行业或一个领域,如化学工业、电力公共事业、卫生、住房和科技等的基金相继出现。这些基金集中投资于经济中的某一领域或某个行业,而不是在整个市场上跨行业分散投资。投资于一个行业基金的风险比投资于整个市场的基金要高,因为前者波动性比后者大。

4. 平衡型基金

平衡型基金将资产分别投资于两种以上不同特性的证券上,并在以取得收入为目的的债券及优先股投资,以及以资本增值为目的的普通股之间取得平衡。这种基金一般将25%~50%的资产投资于债券及优先股,其余的投资于普通股,这种资金的配置方式使得基金能够从其投资组合的债券中得到相对稳定的利息收益,与此同时又可以获得普通股的升值收益。通过持有平衡型基金,投资者既可获得当期收入,又可得到资金的长期增值。平衡型基金的特点是风险比较低,缺点是成长的潜力不大。

5. 指数基金

指数基金是20世纪70年代以来出现的新的基金品种。为了使投资者能获取与市场平均收益相接近的投资回报,产生了一种功能上近似或等于所编制的某种证券市场价格指数的基金。其特点是:它的投资组合试图跟踪或复制市场指数的权数比例,收益随着当期的市场指数上下波动。当市场指数上升时基金收益增加,反之收益减少。基金因始终保持接近当期市场平均收益水平,因而收益不会太高,也不会太低。指数基金的优势是:

(1) 费用低廉,指数基金的管理费较低,尤其交易费用较低。

(2) 风险较小。由于指数基金的投资非常分散,可以基本消除投资组合的非系统风险,而且可以避免由于基金持股集中带来的流动性风险。

(3) 以机构投资者为主的市场中,指数基金可获得市场平均收益率,可以为股票投资者提供更好的投资回报。

(4) 指数基金可以作为避险套利的工具。对于投资者尤其是机构投资者来说,指数基金是他们避险套利的重要工具。指数基金由于其收益率的稳定性和投资的分散性,特别适用于社保基金等数额较大,风险承受能力较低的资金投资。

6. 交易型开放式指数基金

交易型开放式指数基金(exchange traded funds,ETF)是一种特殊形式的开放式证券投资基金,国内习称"交易所交易型基金"。ETF以追踪某一特定指数(即"目标指数")为投资目标,综合了封闭式基金和开放式基金的优点,投资者既可以在二级市场买卖ETF份额,又可以向基金管理公司申购或赎回ETF份额,不过申购赎回必须以一揽子股票(或有少量现金)换取基金份额或者以基金份额换回一揽子股票（或有少量现金），即申购赎回采用实物交付，不同于传统开放式基金的现金申购赎回。由于同时存在二级市场交易和申购赎回机制，投资者可以在 ETF 二级市场交易价格与基金单位净值之间存在差价时进行套利交易。套利机制的存在，可使 ETF 避免封闭式基金普遍存在的折价问题。

投资者可以通过两种方式购买 ETF：一种方式是按照当天的基金净值向基金管理者购买（和普通的开放式共同基金一样）；另一种方式是在证券市场上直接从其他投资者那里购买，购买的价格由买卖双方共同决定，这个价格往往与基金当时的净值有一定差距（和普通的封闭式基金一样）。

7. 黄金基金

黄金基金是指以黄金或者其他贵金属及其相关产业的证券为主要投资对象的基金。其收益率一般随贵金属的价格波动而变化。

8. 衍生证券基金

衍生证券基金是指以衍生证券为投资对象的证券投资基金，主要包括期货基金、期权基金和认股权证基金。由于衍生证券一般是高风险的投资品种，因此，投资这种基金的风险较大，但预期的收益水平比较高。

（四）衍生证券投资工具

衍生金融资产也叫金融衍生工具（financial derivative）或金融衍生产品，是与基础金融产品相对应的一个概念，指建立在基础金融产品之上，其价格随基础金融产品或基础变量的价格（或数值）变动的派生金融产品。这里所说的基础金融产品是一个相对的概念，不仅包括基础金融产品（如债券、股票、银行定期存单等），也可以是指金融衍生工具本身。作为金融衍生工具的基础变量则可以包括股票或债券价格、利率、汇率、各类价格指数，甚至天气（温度）指数等。金融衍生工具是金融创新的产物，也就是通过创造金融工具来帮助金融机构管理者更好地进行风险控制。

对此类金融工具进行买卖投资者需要十分谨慎，因为由其引起的损失有可能大于投资者最初投放于其中的资金。金融衍生工具和股票最大不同点是股票市场会膨胀，升值的话人人受惠，下跌的话无人可以幸免（如导致美国大萧条的 1929 年华尔街股灾）；购买金融衍生工具则为零和游戏，和赌博一样，有人赚钱的话必定要有人输钱。

衍生金融工具其中一项用途是用来降低风险，比如小麦农夫和磨坊主人约定期货合约，在未来以约定的价格卖出特定数量的小麦。双方因此都能减少风险：小麦农夫能确定价格，而磨坊主人则能确定小麦供应。

股票指数期货或期权是常见的金融衍生产品，它们是从市场的实际指标衍生出来的。本质上并没有实物形态的标的物，不仅如此，有些人认为他们会导致更大的市场波动，原因之一是，衍生产品的交易大多采取保证金交易制度，只要利用相对少量的保证金或认股证费用，就能控制庞大金额的证券。衍生工具的流行原因之一是，它们的交易在某些经济体系之下，可以不在资产负债表中列出来。

炒家除了和其他炒家交易之外，也会和对冲的人交易。除了直接投机之外，衍生工具交易也能提供套利（arbitrage）机会——不同衍生工具有相同或极为相似的标的证券。炒家除了会投机升跌，还会可以投机波幅。在1995年时，衍生金融工具的高投机性臭名远播。巴林银行（Barling Bank）的交易员尼克·李森（Nick Leeson）造成了13亿美元的损失，令这家有数百年历史的金融机构破产。下面我们介绍一下常见的金融衍生工具。

1. 股权衍生证券

股权衍生证券是指以公司股票为基础，而衍生出来的有价证券。比如，股票期权（stock option）并不代表对公司直接的所有权，但股票期权赋予了投资者在规定的时期内以特定的价格购买或出售一定数量普通股的权利。最常见的股权衍生证券主要有以下两种：

（1）认股权证

认股权证是上市公司发行的，允许持有者在规定的时期内以特定的价格购买一定数量的公司普通股的权利。认股权证并不构成公司股票的所有权，它只是一种购买公司股票的权利。

（2）看涨期权和看跌期权

看涨期权（call option）与认股权证非常相似，也是一种在一定时期内以特定价格（称之为执行价格）购买一定数量的公司普通股的选择权。与认股权证不同的是，看涨期权的发行者不是上市公司，而是那些愿意作为交易另一方的投资者。而且看涨期权的有效期通常比认股权证的短。看涨期权的有效期通常少于1年，而认股权证的有效期可长达5年以上。看跌期权（put option）的所有者则有在指定时期内以特定价格出售一定数量的股票的权利。当投资者预期在一定时期内股价会下跌，或为防止自己所拥有股票的股价下跌时，他们通常就使用看跌期权。

2. 期货合约

期货合约（futures contract）是另一种可供选择的衍生证券投资工具。期货合约规定合约双方在未来指定的时间内（通常在9个月内），以既定价格来买卖某特定资产。虽然只有在交割日才进行全额交付，但为了保护卖方的权益，期货交易买方需缴纳一定的保证金。也就是说，期货交易普遍采用保证金制度。

期货合约规定了交易商品的数量，而期货合约的现价则取决于交易双方对商品未来价格的预期。例如，在一个给定年份的 7 月，交易者可在芝加哥交易所（CBOT）投资本年 9 月、12 月以及下一年度 3 月和 5 月的小麦。如果该投资者预期小麦价格会上涨，那么他将会在商品交易所购买一个期货合约到将来再卖出。如果投资者预期小麦价格会下跌，那么他可以先在交易所内卖出一个期货合约，而在将来价格下跌时再买进一个相等数量的期货合约以对冲。

期货投资与股票投资不同。首先期货投资中的保证金制度增加了投资收益率的波动性。因为期货投资者可以用较小的金额（为合约总值的 10%~15%）投机于价值巨大的期货合约，当商品价格变动时，相对于其投资的保证金数量来说整个期货合约的总值变化就会特别大。其次是两者的投资期限不同，股票通常是无限期的，而期货合约的期限通常都少于 1 年。

3. 金融期货

除商品期货以外，最近又发展出一种针对一些如短期国债、长期国债和欧洲债券等金融工具的期货合约，我们称其为金融期货。例如，可以购买或出售一份承诺将来以指定价格和收益率交易价值 10 万美元国债的期货合约。金融期货的主要交易场所为芝加哥商业交易所（CME）和芝加哥交易所（CBOT），个人投资者、债券组合投资经理及公司财务管理者可通过购买金融期货来保护自己，以减少利率波动的风险。而个人投资者或债券投资组合经理可通过购买外汇期货进行投机或降低汇率波动的风险。此外，金融期货还可以以股指期货为标的，如标准普尔 500 种股票价格指数期货、价值线指数期货和东京股票交易所的日经平均指数期货等。

4. 掉期交易

所谓掉期交易，是指在买入（卖出）即期外汇的同时，卖出（买进）同一货币的远期外汇，以规避汇率风险的一种外汇交易。这种金融衍生工具，是当前用来规避由于所借外债的汇率发生变化而给企业带来财务风险的一种主要手段。

比如，A 企业是一家出口企业，收到国外进口商支付的出口货款 100 万美元，由于 A 企业的生产活动在国内，因此，A 企业需要将 100 万美元货款兑换成人民币用于国内支出；但同时该企业预计将进口一批原材料，并将于 3 个月之后支付 100 万美元的货款。因此，A 企业将面临汇率风险，为此，A 企业可以在银行办理一笔即期对 3 个月远期的人民币与美元的掉期业务。具体内容是：按即期汇率卖出100万美元，取得相应的人民币，同时现在约定好3月后购买100万美元的汇率，即同时持有3个月远期合约，以约定的汇率用人民币买入100万美元。通过上述的交易，A企业可以轧平其中的资金缺口，达到规避汇率风险的目的。

5. 信用衍生产品

信用衍生产品（credit derivatives）是国际掉期与衍生产品协会（ISDA）在1992年创造的一个名词，用于描述一种新型的场外交易合约。简单而言，信用衍生产品是一种金融合约，提供与信用有关的损失保险。对于债券发行者、投资者和银行来说，信用衍生工具是贷款出售及资产证券化之后的新的管理信用风险的工具。

在信用衍生产品的交易中，利用信用衍生产品来达到放弃或转嫁风险的目的的交易方称为"信用保障买方"，通常为贷款银行；承担或被转嫁风险的交易方称为"信用保障卖方"，通常为大型投资银行或保险公司。信用衍生产品交易的通常模式为，信用保障买方向卖方支付一笔固定费用，一旦发生了买卖双方所指定的信用问题，信用保障卖方就要按约定的方式和范围赔偿信用保障买方的损失。信用衍生合同与商业保险合同颇有相似之处，都是一方向另一方支付固定费用，以保证在特殊情况发生时，自己能得到对方的保护或补偿。目前比较有代表性的信用衍生产品主要有信用违约互换、总收益互换、信用联系票据和信用利差期权等四种。

（1）信用违约互换（credit default swap）

信用违约互换是将参照资产的信用风险从信用保障买方转移给信用卖方的交易。信用保障的买方向愿意承担风险保护的保障卖方在合同期限内支付一笔固定的费用；信用保障卖方在接受费用的同时，则承诺在合同期限内，当对应信用违约时，向信用保障的买方赔付违约的损失。对应参照资产的信用可是某一信用，也可是一揽子信用。如果一揽子信用中出现任何一笔违约，信用保障的卖方都必须向对方赔偿损失。

（2）总收益互换（total return swap）

总收益互换是指信用保障的卖方在协议期间将参照资产的总收益转移给信用保障的买方，总收益可以包括本金、利息、预付费用以及因资产价格的有利变化带来的资本利得；作为交换，保障买方则承诺向对方交付协议资产增值的特定比例，通常是LIBOR加一个差额。总收益互换在不使协议资产变现的情况下，实现了信用风险和市场风险的共同转移。无论在信用违约互换中，还是在总收益互换中，风险的承担者都无须增加自己的资产负债表规模，而是作为表外业务加以处理。

（3）信用联系票据（credit-linked note）

信用联系票据是普通的固定收益证券与信用违约互换相结合的信用衍生产品。在信用联系票据的标准合约下，保障买方或由保障买方设立的特定目的机构根据参照资产发行票据。保障卖方先行以现金支付取得票据，交换来自有关票据的固定复利率或浮动利率的利息收入流。假如发生信用违约事件，即根据双方协议的信用事故赔偿额赎回票据；如不发生信用事故，票据在合约期满时才赎回。

（4）信用利差期权（credit spread option）

信用利差期权假定市场利率变动时，信用敏感性债券与无信用风险债券（如国债等）的收益率是同向变动的，信用敏感性债券与无信用风险债券之间的任何利差变动必定是对信用敏感债券信用风险预期变化的结果。信用保障的买方，即信用利差期权购买者，可以通过购买利差期权来防范信用敏感性债券由于信用等级下降而造成的损失。

三、证券投资主要分析方法和策略

（一）主要分析方法

选择适合的投资对象是证券投资分析中的重要内容，而选择投资对象首要的问题是如何对投资对象进行评估。通俗地讲，如何对投资对象价格未来的变化做出判断。目前，进行证券投资所采用的分析方法主要有三大类：基本分析法、技术分析法、量化分析法。

下面对这些分析方法做简要的介绍，在以后的章节中我们将详细介绍相关内容。

1. 基本分析法

基本分析法（又称基本面分析法），是指证券分析师根据经济学、金融学、财务管理学及投资学等基本原理，对决定证券价值及价格的基本要素，如宏观经济指标、经济政策走势、行业发展状况、产品市场状况、公司销售和财务状况等进行分析，评估证券的理论价值（或称内在价值），从而推断证券的合理价位，提出相应投资建议的一种分析方法。基本分析流派是目前西方投资界的主流派别。基本分析法认为：

（1）股票的内在价值决定其价格。任何一种投资对象都有一种可以称之为"内在价值"的固定基准，且这种内在价值可以通过对该种投资对象的现状和未来前景的分析获得。

（2）股票价格围绕股票的内在价值波动。市场价格和内在价值之间的差距最终会被市场所纠正,因此,市场价格低于(或高于)内在价值之日,便是买(卖)机会到来之时。

基本分析流派的分析方法体系体现了以价值分析理论为基础,以统计方法和现值计算方法为主要分析手段的基本特征。因此,价值成为测量价格合理与否的尺度。基本分析主要包括宏观经济分析、行业和区域分析、公司分析三个层面的内容。宏观经济分析主要探讨各经济指标和经济政策对证券价格的影响。行业和区域分析介于宏观经济分析与公司分析之间,属于中观层次的分析,行业分析主要分析行业所属的不同市场类型、所处的不同生命周期以及行业业绩对证券价格的影响。公司分析侧重对公司的竞争能力、盈利能力、经营管理能力、发展潜力以及潜在风险等进行分析,借此评估和预测证券的投资价值及其未来变化的趋势。

2. 技术分析法

技术分析法是指仅从证券的市场行为来分析证券价格未来变化趋势的分析方法。证券的市场行为可以有多种表现形式,其中证券的市场价格、成交量、价和量的变化以及完成这些变化所经历的时间,即"量、价、时"是市场行为最基本的表现形式。与基本分析法截然不同的是,技术分析法的信奉者不关心证券的内在价值,他们认为通过对"量、价、时"的解读,可以寻找到证券价格未来的趋势。常见的技术分析理论包括:K线理论、切线理论、形态理论、技术指标理论、波浪理论和循环周期理论等。

3. 量化分析法

量化分析法是利用数学和计算机的方法对股票进行分析,找出涨跌的概率,从而做出买卖决策。量化分析法极大地依赖统计、数值模拟和其他定量模型,具有"使用大量数据、模型和计算机"的显著特点。量化分析方法不仅应用于少数证券的投资分析,而且被广泛应用于组合构造与优化、策略制定、业绩评估等投资相关问题,是继传统的基本分析法和技术分析法之后发展起来的一种重要的证券投资分析方法。

4. 证券投资分析应注意的问题

不同的证券分析方法之间不是互相替代的关系,更多地体现为互补的关系,比如可以通过基本分析法寻找潜在的投资对象,通过技术分析确定投资的时机,而依赖量化分析法可以帮助完成大规模的投资组合的构建和调整。简言之,进行证券投资分析时,应当注意每种方法的适用范围、特点及各种方法的结合使用。

基本分析法的优点主要是能够从经济和金融层面揭示证券价格决定的基本因素及这些因素对价格的影响方式和影响程度。缺点主要是对基本面数据的真实、完整性具有较强依赖，短期价格走势的预测能力较弱。

技术分析法直接利用公开的市场数据，采用图、表等方法对市场走势做出直观的解释和判断。它缺乏牢固的经济金融理论基础，对证券价格行为模式的判断有很大随意性，受到学术界的批评。

量化分析法较多采用复杂的数理模型和计算机数值模拟，能够提供较为精细化的分析结论。但它对使用者的定量分析技术有较高要求，不易为普通公众所接受。此外，量化分析法所采用的各种数理模型本身存在模型风险，一旦外部环境发生较大变化，原有模型的稳定性就会受影响。此外，量化分析法往往需要与程序化交易技术相结合，对交易系统的速度和市场数据的精确度有较高要求，这也在一定程度上限制了其应用范围。

事实上，并不存在完美的证券分析方法，任何投资分析理论或分析方法都有其适用的前提和假设。投资分析是一种兼有科学性和艺术性的专业活动，对分析人员的知识、技能和经验都有很高的要求。

（二）证券投资策略

证券投资策略是指导投资者进行证券投资时所采用的投资规则、行为模式和投资流程的总称，它综合反映了投资者的投资目标、风险态度以及投资期限等主观、客观因素，通常包括资产配置、证券选择、时机把握、风险管理等方面的内容。

1. 主动型策略与被动型策略

根据投资理念的不同，可以将证券投资策略分为主动型策略与被动型策略。

（1）主动型策略

主动型策略的假设前提是市场不是有效性的，存在套利机会。它要求投资者根据市场情况变动对投资组合进行积极调整，并通过灵活的投资操作获取超额收益。主动型投资策略通常将战胜市场作为基本目标。比如板块轮动投资策略，即投资者按市场风向转换、调整投资组合，就是一种常见的主动型投资策略。

（2）被动型策略

被动型策略是指根据事先确定的投资组合构成及调整规则进行投资，不关心市场环境的变化，也不主动地进行调整。信奉被动型策略的投资者认为市场是有效性，所有证券价格均充分反映了可获得的信息，被动接受市场变化而不进行调整，更有可能获取市场收益，并避免了过多的交易成本和误判市场走势造成的损失。

在现实中，主动型策略和被动型策略是相对而言的，在完全主动和完全被动之间存在广泛的中间地带，我们通常将指数化投资策略视为被动型策略的代表，但由此发展而来的各种指数增强型或指数优化型策略已经带有了主动投资的成分。

2. 战略性投资策略和战术性投资策略

根据策略适用期限的不同，可以将证券投资策略分为战略性投资策略和战术性投资策略。

（1）战略性投资策略

战略性投资策略也称为"战略性资产配置策略"（strategic asset allocation，SAA）或者长期资产配置策略（long-term allocation），是指着眼较长投资期限，追求收益与风险最佳匹配的投资策略。因其着眼长期，故不会随市场行情的短期变化而轻易变动。常见的长期投资策略包括：

①买入持有策略（buy-and-hold strategy），确定恰当的资产组合，并在诸如3—5年的适当持有时间内保持这种组合。买入持有策略是一种典型的被动型投资策略，通常与价值型投资相联系，具有最小的交易成本和管理费用，但不能反映环境的变化。

②固定比例策略（constant mix strategy），保持投资组合中各类资产占总市值的比例固定不变。在各类资产的市场表现出现变化时应进行相应调整，买入下跌的资产，卖出上涨的资产，以维持投资组合中各类资产的投资比重不变。

③投资组合保险策略（portfolio insurance），投资组合保险策略是一大类投资策略的总称，这些策略的共性是强调投资人对最大风险损失的保障。

（2）战术性投资策略

战术性投资策略也称为"战术性资产配置策略"（tactic asset allocation，TAA），通常是一些基于对市场前景预测的短期主动型投资策略。常见的战术性投资策略包括：

①交易型策略（trading strategy），根据市场交易中经常出现的规律性现象，制定某种获利策略。代表性策略包括均值-回归策略（mean return）、动量策略（momentum）或趋势策略（trending）。均值-回归策略通常假定证券价格或收益率走势存在一个正常值或均值，高于或低于此均值时会发生反向变动，投资者可以依据该规律进行低买高卖。

动量策略也称为"惯性策略"，其基本原理是"强者恒强"，投资者买入所谓"赢家组合"即历史表现优于大盘的组合，试图获取惯性高收益。

趋势策略与动量策略的操作思路类似，只不过动量策略更侧重量化分析，而趋势策略往往会与技术分析相联系。

②多空组合策略（long short），有时也称为"成对交易策略"（pair-trading），通常需要买入某个看多的资产或资产组合，同时卖空另外一个看空的资产或资产组合，试图抵消市场风险而获取单个证券的阿尔法收益差额。

③事件驱动型策略（event-driven strategy），根据不同的特殊事件（如公司结构变动、行业政策变动、特殊自然或社会事件等）制定相应的灵活投资策略。

第二章 投资环境

投资是指投入当前资金或其他资源以期望在未来获得收益的行为。例如，人们购买股票并期望这些股票给他们带来的未来收益可以补偿与这项投资相对应的货币时间价值和风险。你用来学习这本书的时间也是一项投资。你放弃了当前的休闲时间或是通过工作可以赚得的收入，并期望你未来的职业生涯可以提高以补偿你所付出的时间和努力。尽管这两类投资在很多方面都不相同，但它们具有一个重要的共同点，这也是所有投资的共性，那就是：投资者牺牲现在有价值的东西以期望未来获益。

本书会让你成为一个见多识广的投资实干家。尽管本书将重点放在证券投资（如股票、债券、期权和期货等）上，但我们讨论的大部分内容适用于各种类型的投资分析。本书将介绍各类证券市场组织的背景；适用于特定市场的估值技术和风险管理原理，如债券市场和股票市场；本书还将介绍构建投资组合的原理。

总的来说，本章将主要介绍三个方面的内容，这些内容将为你接下来的学习奠定良好的基础。在进入"投资"这一主题之前，将首先介绍金融资产在经济中的作用。这部分内容主要包括金融资产和那些实实在在为消费者提供产品和服务的实物资产之间的关系，以及为什么金融资产在发达经济中起到至关重要的作用。在介绍了这些背景知识之后，我们将讨论投资者在构建投资组合时所面临决策的类型。这些决策都是在高收益伴随高风险的环境下做出的，因此很少会有因定价失误而导致价格明显低估的情况。风险和收益的权衡以及金融资产的有效定价是投资过程中的中心主题，本章将简要介绍一下它们的含义，这些内容在以后的章节中将有更详尽的阐述。

第一节 实物资产与金融资产

一个社会的物质财富最终取决于该社会经济的生产能力，即社会成员创造产品和服务的能力。这种生产能力是经济中实物资产（real assets）的函数，如土地、建筑物、机器以及可用于生产产品和提供服务的知识。

与实物资产相对应的是金融资产（financial assets），如股票和债券。这些证券不过是几张纸，或者更普遍的是一些计算机录入的条目，它们并不会直接增加一个经济体的生产能力。但是，在发达经济社会，这些证券代表了持有者对实物资产所产生收入的索取权（或对政府收入的索取权）。即使我们没有自己的汽车厂（实物资产），我们仍然可以通过购买福特或丰田汽车的股份来分享汽车生产所产生的收入。

实物资产为经济创造净利润，而金融资产仅仅确定收入或财富在投资者之间的分配。人们可以在即期消费和投资之间进行选择。如果选择投资，他们可以通过购买各种各样的证券来投资金融资产。投资者从企业中购买证券，企业就可以用筹集到的资金购买实物资产，如厂房、设备、技术和存货。因此，投资者投资证券的收益最终来源于企业用这些证券所筹集的资金购买实物资产所产生的利润。

实物资产和金融资产之间存在明显的区别。家庭财富包括银行存款、企业股票和债券等金融资产。这些证券一方面构成家庭的金融资产，另一方面又形成发行者的负债。例如，一张丰田汽车的债券，对投资者来说是一项资产，因为它代表投资者对债券本金和利息的索取权，但对丰田汽车来说却是一项负债，因为它意味着丰田负有偿还本息的义务。因此，当我们汇总家庭和企业所有的资产负债表时，金融资产和金融负债互相抵消，仅剩下实物资产作为经济的财富净值。国民财富包括建筑物、设备、存货和土地等。

虽然将以金融资产为重点，但是我们仍然不能忽略这样一个事实，那就是我们所购买的金融资产的成败最终取决于实物资产的表现。

第二节 金融资产

金融资产通常可以分为三类：固定收益型金融资产、权益型金融资产和衍生金融资产。固定收益型证券［fixed-income security，或称为债务型证券（debt security）］承诺支付固定的收益流，或按某一特定公式计算的现金流。例如，公司证券向证券持有者承诺每年固定的利息收入。而浮动利率债券向证券持有者承诺的收益会随当前利率的变化而变化。例如，一种债券可能会向持有者承诺按美国国库券利率上浮 2% 来支付利息。除非债券发行者宣告破产，否则债券持有者将获得固定收益或按某一特定公式计算的收益。因此，固定收益型证券的收益受发行者财务状况的影响最小。

固定收益型证券的期限和支付条款多种多样。一种极端的情形是货币市场上的债务型证券，这些证券的特点是期限短、流动性强且风险小，如美国国库券和银行存单。相反，货币市场上的固定收益型证券是指一些长期证券，如美国长期国债，以及联邦代理机构、州和地方政府、公司发行的债券。这些债券有的违约风险较低相对比较安全（如美国长期国债），而有的风险相对较高（如高收益债券或"垃圾"债券）。此外，这些债券在偿付条款和防范发行者破产条款的设计上有很大不同。本书将在第 2 章涉及此类证券，并在第 4 部分深入分析固定收益证券市场。

与固定收益型证券不同，普通股或权益型（equity）证券代表了证券持有者对公司的所有权。权益型证券持有者没有被承诺任何的特定收益，但是他们可以获得公司分配的股利，并按相应的比例拥有对公司实物资产的所有权。如果公司运营成功，权益价值就会上涨，如果公司运营失败，权益价值就会下降。因此，权益投资的绩效与公司运营的成败密切相关。本书将在第 5 部分讨论权益证券市场和权益证券估值。

最后，衍生证券（derivative security，如期权和期货合约）的收益取决于其他资产（如债券和股票）的价格。例如，如果英特尔公司股票的价格一直低于执行价格（比如说每股 20 美元），那么其看涨期权可能会一文不值，但是若其股票价格高于执行价格，则看涨期权就会变得非常有价值。之所以将这类证券称为衍生证券，是因为其价值取决于其他资产的价格，如英特尔公司看涨期权的价值取决于其股票的价格。其他主要的衍生证券还包括期货和互换合约。本书将在第 6 部分讨论这类证券。

衍生证券已成为投资环境中不可或缺的一部分。衍生证券最主要的用途之一是规避风险，或者说是把风险转移给其他方。利用衍生证券规避风险的现象非常普遍，以至于交易额上万亿美元的衍生证券市场也不足为怪。但是，衍生证券也可以用于高风险的投机活动。一旦这种投机行为失利，就会造成上亿美元的损失。尽管这些损失引起人们越来越多的关注，但这只是一种意外，衍生证券还是被普遍地作为一种风险管理工具。在投资组合的构建和金融系统中，衍生证券将继续起着至关重要的作用。本书后面的章节还会继续讨论这一话题。

除了金融资产，人们也会直接投资一些实物资产，如不动产、贵金属、农产品等实物资产也有可能构成投资组合的一部分。

第三节 金融市场与经济

我们之前说过，实物资产决定了经济中的财富，金融资产仅代表了人们对实物资产的索取权。但是，金融资产和使金融资产可以得到交易的金融市场在发达经济中起到至关重要的作用。正是金融资产使我们可以创造经济中的大部分实物资产。

一、金融市场的信息作用

在资本主义体制中，金融市场在资本配置方面起到了关键作用。

股票市场上的投资者最终决定了公司的存亡。如果一家公司未来的获利前景良好，那么投资者会抬高其股价。在这种情况下，公司的管理者可以很容易地通过发行股票或举借债务来筹集资金以支持公司的研发，构建新的生产设施，扩大经营规模。但是，如果其获利前景很差，投资者便会压低其股价，那么公司会被迫缩减规模，并且最终可能倒闭。

通过股票市场来配置资本的过程有时候似乎是无效的。有些公司在短期内可能会很"火"，从而吸引了大量投资资本，但转眼几年间就会衰落，不过这是不确定性的重要含义之一。没有人可以确切地知道哪些公司会成功，哪些会失败，但是股票市场促进资本流向当前前景良好的公司。现在有许多被高薪聘请的睿智的专业人士在分析上市公司的前景，股票价格正是对他们集体判断的反映。

二、消费时机

在经济社会中，有的人挣的比花的多，有些人花的比挣的多，那么我们怎样才能把购买力从高收入期转移到低收入期？一种方法是通过购买金融资产来"储存"财富。在高收入期，我们可以把储蓄投资于股票、债券等金融资产，然后在低收入期卖出这些金融资产以供消费。这样我们就可以调整一生的消费时机以获得最大的满足。因此，金融市场可以使人们的现实消费与现实收入相分离。

三、风险分配

事实上，所有实物资产都有一定的风险。例如，当福特汽车公司投资建造工厂时，没有人确切地知道这些工厂可以产生的未来现金流。金融市场和在金融市场上交易的各种金融工具可以使偏好风险的投资者承担风险，使厌恶风险的投资者规避风险。例如，福特汽车公司向公众发行股票和债券以筹集资金来建造工厂，那么乐观或风险承受力较强的投资者就会购买股票，而保守的投资者则会购买债券。因为债券承诺了固定的收益，风险较小。而股票持有者需要承担较大的经营风险，同时也会获得潜在的更高的收益，这样资本市场便把投资的固有风险转移给了愿意承担风险的投资者。

这种风险分配方式对于需要筹集资金以支持其投资活动的公司而言也是有利的。当投资者可以选择满足自身特定风险—收益偏好的证券时，每种证券都可以以最合适的价格出售，这加速了实物资产证券化的进程。

四、所有权和经营权的分离

许多企业的所有者和经营者是同一个人，这种简单的组织形式非常适合小企业，事实上，这也是工业革命前最常见的一种企业组织形式。然而，在市场全球化和生产规模化迅速发展的今天，企业对规模和资本的需求急剧增加。例如，通用电气的资产负债表显示其2009年房地产、厂房和设备的总价值约为730亿美元，资产总额接近7800亿美元。规模如此之大的企业不可能简单地以业主经营的形式存在。实际上，通用电气拥有60多万个股东，每个股东对公司的所有权与他们持有的股份成比例。

这么多人显然不可能全部参与到公司的日常管理中。事实上，股东们的做法是：他们共同选举产生一个董事会，然后由董事会负责聘请并监督公司的管理层。这种结构意味着公司的所有者和管理者是不同的人，从而使公司获得了业主经营企业形式下无法获得的稳定性。例如，如果股东不想继续持有公司的股份，他们可以将股份出售给其他投资者，而不会影响公司的管理。因此，金融资产以及在金融市场上买卖这些金融资产的能力使所有权和经营权很容易地分离开来。如何才能使公司各类股东（从持有上千万股的养老基金到仅持有一股的小投资者）就公司目标达成一致呢？金融市场再次提供了行动指南。所有股东都会赞成管理层追求提升股票价值的经营战略，因为这会增加他们的财富从而使他们可以更好地追求个人目标（无论这些目标是什么）。

　　管理层真的会努力使公司价值最大化吗？我们很容易发现他们会从事一些并非使股东价值最大化的活动，例如组建自己的集团，为保住自己的职位而避免投资风险项目，或是过度消费奢侈品（如乘坐公务机等），这些额外津贴的成本大多由股东承担。由于管理层可能会追求个人利益而非股东价值最大化，因此管理层和股东之间存在着潜在的利益冲突，这种冲突叫作代理问题（agency problem）。

　　为了减轻这种潜在的代理问题已经出现了许多管理机制。首先是把管理层的收入与公司成败联系起来的薪酬计划，高层管理者的大部分薪酬是股票期权的形式，这意味着只有股票价格上涨给股东带来利益，高层管理者才可以获利。（当然，我们现在已经知道过度使用期权也会产生代理问题，管理层可以操纵信息在短期内支撑股价，这样他们便有机会在股价回落到反映公司真实价值之前将其变现。）第二种机制是由董事会解雇那些表现不好的管理者，即便有时候董事会被认为是管理层的保护者。第三种是由外部证券分析者和大型机构投资者（如养老基金）密切监督公司，使那些业绩差的管理者的日子不那么好过。

　　最后一种机制是被接管的威胁。如果董事会不严格监督管理层，那么从原则上讲股东可以重新选举产生一个新的董事会。股东可以通过发起一场代理权争夺战来获得足够的代理权（代表其他股东投票的权利），以控制公司并选举产生新的董事会。但是这种威胁通常来说非常小，发起代理权之争的股东必须动用自己的资金，而管理层却可以使用公司的资金来进行防御，因此大多数代理权之争都会以失败告终。真正被接管的威胁来自其他公司：如果一家公司发现另一家公司业绩较差，那么它可以收购那家业绩较差的公司，并用自己的管理队伍取代其原来的管理层。结果股价会上涨以反映投资者对公司业绩转好的预期，这会激励公司从事兼并活动。

五、公司治理和公司伦理

　　前面已经阐述了证券市场在资本优化配置方面起着重要作用，为了更有效地发挥这种作用，证券市场必须有一定的透明度以使投资者做出正确的投资决策。如果企业误导公众对其前景的预期，那么很多决策都会出错。

　　尽管已经有很多机制来平衡股东和管理者之间的利益，但是2000至2003年3年间似乎充斥着无休止的丑闻，这暗示着公司在治理和伦理方面存在危机。例如，世通公司不当地将费用归类为投资，从而使其利润夸大了38亿美元。当真相曝光以后，美国出现了有史以来最大的一例破产。美国第二大破产案例是安然公司，它利用现在已臭名昭著的"特殊目的科目"将债务从其账簿中转移，同样向公众呈现了具有误导性的财务状况。不幸的是，这样的公司并不止一两家，其他公司如来爱德（RiteAid）、南方保健、环球电讯、奎斯特通信等也操纵并错报其账户达几十亿美元。丑闻并不仅限于美国，意大利牛奶公司帕玛拉特声称有48亿美元的银行存款，但实际上并不存在。这些案例说明代理问题和激励问题远没有解决。

同期发生的其他丑闻还包括股票分析师做出的带有系统性误导和过度乐观的研究报告。（他们乐观的分析是为了换取有关公司对未来投资银行业务的承诺，而且分析师的薪酬并不取决于他们分析的准确性和洞察力，而是取决于他们在获得投资银行业务方面所起的作用。）

除此以外的丑闻还有将首次公开发行募集的资金分给公司执行官以作为对其贡献的补偿，或是承诺将未来的业务返给IPO经理。那么被认为是公司监督者的审计师呢？由于近期业务的变化使事务所发现咨询业务比审计业务更有利可图，因此激励机制同样也被扭曲了。例如，安然公司的审计师亚瑟·安达信为安然提供咨询服务比为其提供审计服务要挣得多。考虑到亚瑟·安达信为确保其咨询收入，那么他和其他审计师在审计工作中过于宽松也就不足为怪了。

2002年，为了应对接二连三的伦理丑闻，美国国会通过了《萨班斯-奥克斯利法案》以加强公司治理方面的法规。例如，法案要求公司要有更多的独立董事，即不担任管理者（或附属于管理者）的董事。法案还要求首席财务官亲自为公司财务报表担保，并设立监督委员会监督上市公司的审计，禁止审计师为客户提供其他服务。

第四节 投资过程

投资者的投资组合只不过是其所投资产的集合。投资组合确定以后，通过出售现有证券并购入新证券，或投入额外资金扩大投资组合规模，或出售证券缩小投资组合规模，都可以使原来的投资组合更新或重构。

投资资产可以分为股票、债券、不动产、商品等。投资者在构建投资组合时，需要做出两类决策：资产配置（asset alcation）决策和证券选择（security selection）决策。资产配置决策是指投资者对这些资产大类的选择，证券选择决策是指在每一资产大类中选择特定的证券。

资产配置决策包括对安全资产（如银行存款和货币市场证券）和风险资产投资比例的决策。不幸的是，许多评论员甚至是那些提供财务建议的人也错误地把储蓄等同于安全投资。"储蓄"的意思是你没有花光当前所有的收入，因此可以用于增加投资组合。你可以把储蓄投资于安全资产、风险资产或是两者的组合。

"自上而下"的投资组合构建方法是从资产配置开始的。例如，某人目前所有的钱都存放于一个银行账户，那么他首先要决定整个投资组合中股票、债券等应占的比例。这样，投资组合的大特点就确定了。例如，自1926年以来，大型公司普通股的平均年收益率一直高于11%，而美国短期国库券的平均年收益率却低于4%。另一方面，股票风险相对较大，其年收益率（根据标准普尔500指数）从最低的46%到最高的55%不等。相比而言，美国短期国库券是无风险的，因为购买时你就已经知道可以获得的利率。因此，如何将投资在股票市场和国库券市场之间配置将会对投资组合的收益和风险产生很大的影响。一个自上而下的投资者首先会确定如何在大类资产之间进行配置，然后才会确定在每一类资产中选择哪些证券。

证券分析（security analysis）包括对可能包含在投资组合中的特定证券进行估价。例如，投资者可能会问，默克和辉瑞哪家公司的股价更有吸引力？债券和股票都需要根据其对投资者的吸引力来进行估价，但是，对股票估价要比对债券估价难得多，因为股票的绩效通常对发行公司的状况更敏感。

与"自上而下"的投资组合管理相对应的是"自下而上"的战略。使用"自下而上"的方法时，投资组合的构建是通过选择那些具有价格吸引力的证券而完成的，不需要过多地考虑资产配置。这种方法可能会使投资者无形中把赌注全投向经济的某一领域。例如，投资组合最终可能会集中于某一行业或某一地区，或是集中于某种不确定性。

但是，"自下而上"法确实可以使投资组合集中在那些最具投资吸引力的资产上。

第五节 市场是竞争的

金融市场的竞争非常激烈，成千上万才华横溢并富有财力的分析师每天穿行于证券市场寻找低估资产。这种竞争意味着我们应该预期到证券市场几乎没有"免费午餐"，即价值被明显低估的证券。没有"免费午餐"隐含了几层含义，下面将分析其中的两点。

一、风险收益的权衡

投资者投资是为了获得预期的未来收益,但是这种收益很难准确地预测。所有的投资都伴随着风险,实际获得的收益几乎总是偏离投资期初我们预期的收益。例如,标准普尔500指数在1931年下跌了46%(自1926年以来最糟糕的一年),1933年上涨了55%,我们可以确定投资者在这两年年初肯定没有预测到股市的这种极端变化。

如果其他条件相同,投资者会偏向于期望收益最高的投资,这是很自然的。但是,没有"免费午餐"这个原则告诉我们其他条件不可能相同。要获得更高的期望收益,就要承担更大的投资风险。如果不承担额外的风险便可以获得更高的期望收益,那么投资者会疯狂抢购这些高收益资产,结果使其价格大幅攀升。此时投资者认为这些资产价格过高,投资吸引力下降,原因是购买价格越高,期望收益(指每一美元投资所能获得的利润)越低。如果一些资产被认为具有吸引力,其价格将继续上涨,直至其期望收益与风险不再相适应。这时,投资者可以获得一个与风险相适应的收益率,但不会更高。类似地,如果收益和风险相互独立,那么投资者会抛售高风险资产,导致这些资产价格下跌(但是期望收益率会上升),直至跌到它们有足够的吸引力可以再次被纳入投资组合中。因此,我们可以得出这样一个结论:证券市场中的风险-收益权衡(risk-return trade-off),高风险资产的期望收益率高于低风险资产的期望收益率。

当然,以上讨论中还有几个问题没有解决。我们应如何度量资产的风险?如何量化风险-收益权衡?有人认为资产风险与其收益的波动性有关,但这种猜测并非完全正确。当把某一资产加入投资组合中时,我们需要考虑资产之间的相互作用以及资产多样化对整个投资组合风险的影响。多样化意味着投资组合中包含多种资产,而每一种资产对组合风险的影响都是有限的。

二、有效市场

没有"免费午餐"的另一层含义是不要期望在证券市场发现价值被明显低估的资产。对"金融市场可以快速有效地处理所有相关信息"(证券价格反映了投资者可以获得的关于证券价值的所有信息)这一假说进行探讨。根据该假说,因为投资者可以获得有关证券的新信息,因此证券价格可以即时迅速做出调整,与市场对证券价值的估值相等。

如果这一假说成立,价值被明显低估或高估的证券将不会存在。"有效市场假说"暗含了一个有趣的问题,即在积极型和消极型投资管理策略中进行选择。消极型管理(passive management)主张持有高度多样化的投资组合,无须花费精力或其他资源进行证券分析以提高投资绩效。积极型管理(active management)是试图通过发现误定价的证券或把握投资时机(例如当某一股票看涨时增加买入量)来提高投资绩效。如果市场是有效的,而且价格反映了所有相关信息,或许采取消极型管理战略会更好,无须白费资源去猜测竞争对手的心思。

如果将有效市场假说极端化,那么进行积极的证券分析就变得没有意义了,只有傻瓜才会投入资源去积极地分析证券。然而,如果不进行持续的证券分析,证券价格最终会偏离"正确"的价值,这又会激励证券专家重操旧业。因此,即便在金融市场这样一个竞争激烈的环境中,我们也只能发现"近似有效",那些勤奋并且有创造力的投资者仍然可以发现获利机会。

第六节 市场参与者

纵观整个金融市场,主要有三类参与者:

1. 公司

公司是净借款者,它们筹集资金并将其投资于厂房和设备,这些实物资产所产生的收益用于向投资者(公司发行证券的购买者)支付回报。

2. 家庭

家庭通常是净储蓄者,它们购买那些需要筹集资金的公司所发行的证券。

3. 政府

政府可能既是借款者又是贷款者,取决于税收收入和政府支出之间的关系。自第二次世界大战以来,美国政府通常是财政赤字,说明其税收收入低于政府支出。因此,政府不得不借款来填补财政赤字。发行短期国库券、票据和债券是政府向公众筹集资金的主要形式。相反,政府在20世纪90年代末期实现了财政盈余,从而有能力清偿一些债务。

公司和政府不会将其全部或大部分证券直接出售给个人。例如,约一半的股票由大型金融机构(如养老基金、共同基金、保险公司和银行等)持有,这些金融机构处于证券发行者(公司)和证券最终所有者(个人投资者)之间,因此,它们被称为金融中介。同样,公司不会直接向公众推销证券,而是聘请代理人(称为投资银行)代表它们与公众接洽。下面将讨论这些中介的作用。

一、金融中介

家庭希望用储蓄进行有价值的投资，但是大多数家庭的财务资产规模过小，直接投资很困难。首先，有意提供贷款的小型个人投资者不可能在地方报纸上刊登公告来寻找理想的借款人；其次，个人贷款者不可能通过多样化借款者降低风险；最后，个人贷款者没有能力评估并监督借款者的信用风险。

在这种情况下，金融中介（financial imermediary）发展起来，成为联系借款者和贷款者的桥梁。金融中介包括银行、投资公司、保险公司和信贷联盟等。这些金融机构通过发行证券筹集资金以购买其他公司发行的证券。

例如，银行将吸收的存款贷给其他借款者，支付给储户的利率与向借款者所要的利率之差成为银行的利润来源。这样，借款者和贷款者便无须直接联系，银行起到中介的作用。当借款者和贷款者各自独立寻找共同的中介时，借贷双方的匹配问题就迎刃而解了。

金融中介区别于其他商业机构的主要特点在于其资产和负债大多数是金融性的。

其他类型的金融中介还包括投资公司、保险公司和信贷联盟等。

这些机构在发挥中介职能时具有以下共同优点：第一，通过聚集小投资者的资金可以为大客户提供贷款；第二，通过向众多客户贷款可以分散风险，因此可以提供单笔风险很高的贷款；第三，通过大量业务来储备专业知识，并可以利用规模经济和范围经济来评估、监控风险。

聚集并管理众多投资者资金的投资公司（investment company）也产生于规模经济。目前的问题在于大多数家庭投资组合的规模有限，不能覆盖各种各样的证券，而购买多家公司两股股票的经纪佣金和分析成本非常高。共同基金具有大规模交易和投资组合管理的优势，投资者享有与他们的投资额成比例的投资基金份额，这种机制解决了小投资者的难题，使他们愿意向共同基金的运营者支付管理费用。投资公司也专门为那些有特定目标的大型投资者设计投资组合。

相比而言，共同基金占领的是零售市场，共同基金与投资公司的区别在于：共同基金的投资理念是吸引大量客户。

规模经济也可以解释为什么越来越多的投资者愿意接受投资公司的分析服务。实时资讯提供商、数据库服务商以及经纪公司的分析服务均参与分析研究工作，然后他们再将信息卖给大客户群。这种组织应运而生，因为投资者需要信息，而自己亲自收集很不经济。这样赚钱的机会就来了：一家公司可以为许多客户提供这种服务并收取费用。

二、投资银行

正如规模经济和专业化为金融中介创造了获利机会一样，它们也为那些向企业提供专门服务的公司带来了赢利机会。公司大部分资金都是通过向公众发行证券（如股票和债券等）来筹集的，但这样做的频率并不高，专门从事此类业务的投资银行（investment banker）可以以低成本（指低于在公司内部保留证券发行部门的成本）向公司提供这项服务。在这个过程中，投资银行被称为承销商。

投资银行在证券发行价格、利率等方面为公司提供建议。最后再由投资银行负责证券在一级市场（Primary market，新证券向公众发行的市场）销售，随后投资者可以在二级市场（secondary market）买卖一级市场发行的证券。

在 20 世纪的大部分时间里，根据美国法律规定，投资银行和商业银行必须相互独立，尽管这些规定在 1999 年被彻底废除，但直到 2008 年，久负盛名的"华尔街"主要还是由大型独立的投资银行（如高盛、美林、雷曼兄弟等）组成，但是这种独立的格局在 2008 年戛然而止，美国所有主要的投资银行要么被并入商业银行，要么宣告破产，要么重组为商业银行。

第三章 金融投资市场

第一节 金融投资市场概览

一、金融市场内涵

金融市场是现代金融体系的核心，但金融市场实际上存在金融融资市场和金融投资市场的区别。

一般意义上的金融市场是从融资角度去认识的，这是经济学概念的市场含义，所以常常也被称为资金融通市场。它是指资金供应者和资金需求者双方通过信用工具进行交易而实现融通资金的市场，进一步推广到更大的范畴去认识，它是实现货币借贷和资金融通、办理各种票据和有价证券交易活动的市场。

这个定义下的金融市场，其核心目标是满足资金需求方的需要。因为在物质生产活动为核心的年代，增加社会物质财富是社会发展的标志，所以一切资金融通的目标自然是满足生产领域的资金需求，结果一个实现资金融通的市场，实际就演变为一个融资的市场，一个以融资额高低衡量其有效性的市场。

这样的金融市场实际存在一个致命的问题：如果融资方融资后的投向不符合社会发展的方向，或者融入的资金利用效率较低，此时融资额的增加只能说明市场配置资源的失败。

如果从投资的角度去认识金融市场，金融市场就是可以将众多投资者的买卖意愿聚集起来，促使单个投资者交易成功的一种市场，即在接受市场价格的前提下，各种金融资产的买方可以买到它想买的数量，卖方可以卖出它想卖的数量。

这种定义下的金融市场，是基于金融资产投资交易所形成的市场，投资成为市场的主体任务，而投资的收益、风险又是基于流动性基础上的，金融市场是要通过增加流动性,降低获得收益的风险,换句话说,投资型金融市场的出现,其目的是提供交易的便捷,因而流动性就是金融市场的基础经济功能所在,没有了集中流动性的功能,金融市场就失去存在的基础。流动性的作用还不仅在此,作为交易成本还体现在市场对交易机制的选择和变迁的决定作用,因为在世界经济一体化的时代,各个金融市场面临着激烈的竞争,而流动性是其竞争力的最直接体现。"流动性是委托量大小和频率的函数,当有些买卖委托输入特定的交易系统时,将会吸引其他买卖委托进入该系统,可以说,流动性能吸引流动性。"(Ruben,1998),因此抢得先机者可用流动性来创造更大的流动性,从而在竞争中占有明显的战略优势。规范型的金融市场是以交易所形式出现的,这种交易所的属性其实就是增加金融资产的流动性,交易所的流动性使得金融资产在不同的时间、地区和行业之间顺利进行转移,从而使得资源得以重新配置。

当前世界金融市场正实现从原来的金融融资市场,向金融投资市场的转变,因而,对金融市场的定义可以重新认识:金融市场是投资者交易金融资产的一种场所(并非一定是有形的场所),并在这个场所的交易过程中实现了对金融资产价格的发现功能,通过这种价格发现功能,实现了对融资资本的资源合理配置。对现代金融体系而言,起到支撑作用的,应该是这种金融投资市场内涵下的金融市场。

二、金融市场基本组成要素

现代金融市场由下面的基本组成要素构成。

(一)市场的主体

金融市场上的主体有狭义和广义之分,狭义主体是指参加金融资产交易的资金供应者或资金需求者。广义主体是指包括资金供给者、资金需求者、中介人和管理者在内所有参加交易的组织和个人。

政府、金融机构、企业单位、事业单位、居民个人,以及海外上述组织和个人等,都可以是金融市场的资金供应者和需求者。

(二)市场交易对象

这是资金供应者和资金需求者在金融市场上实现交易的对象,被称为交易工具。金融市场上的交易工具有主要基于融资目的的金融融资工具和主要基于投资目的的金融投资工具,不同时期、不同目的的工具会有所差异,即使是称谓相同的工具,也会有所差异。

常见的市场交易对象有各种债券、股票、票据、可转让存单、借款合同、抵押契约等。金融市场的交易对象不管具体形态如何，都是要实现资金的流动，其交易都是实现资金的所有权、使用权的转移，最终实现资金资源的重新配置。

（三）市场中介

不同市场主体之间对交易对象的交易，是要通过市场中介来完成的，没有市场中介的金融资产的交易是原始层面上的交易，不属于现代市场交易。这些充当市场中介的组织和个人包括各类交易所、各类交易平台、各类交易服务组织和个人等。

（四）市场价格形成机制

市场主体在通过市场中介进行市场交易对象的交易过程中，一个核心的影响交易成功与否的因素是价格因素，所以金融市场的基本组成要素中，应该有一个价格形成机制。

理论上，金融市场所形成的价格应该是其价值的代表，但金融资产的价值不是显性的，因而市场经济条件下是要通过充分竞争的交易才能实现其合理的价格，市场的价格形成机制就决定了这个价值到价格的有效性的程度。金融市场交易过程中的各种交易形式，如对冲、套利、投机等，以及各种交易成交形式，如竞价成交、做市商成交等，都是市场价格形成机制中的组成部分。

（五）市场监管

一个合格的实现资源合理配置的金融市场，需要一个强大的市场监管。金融市场监管包括监管规定的制定和监管的执行两个方面。

根据市场监管规定的法律效力的大小，金融市场监管规定制定包括监管法律的制定、监管法规的制定、自律规定的制定等。一般来说，法律的制定是立法机构的事情，而法规的制定是政府在法律许可范围内制定的，一个有效的市场运作除了需要法律和法规之外，业内的自律也是非常重要的，自律的规定通常是行业自律组织（譬如行业协会）制定的。

依据市场监管规定出台的层次，市场监管的执行也区分层次。大致说来包括三个监管执行层次：其一是法律的监管，主要是各种立法检查机构和司法机构对各项金融法律的执行情况所进行的检查活动和对违法的制裁活动；其二是政府的监管，主要是政府依据法规或者经过授权依据法律，对金融市场上各类参与机构和交易活动所进行的监管；其三是金融市场上各类机构及行业组织（如证券交易所、证券业协会等）进行的自律性管理。

三、金融市场分类

（一）按业务活动期限，金融市场分为：货币市场、资本市场和业务活动期限特殊的其他市场（基金市场、金融衍生市场、外汇市场等）

1. 货币市场，即短期资金市场

一般是指存续期限在一年之内的金融资产组成的金融市场。它的主要任务是提供工商企业、金融机构、政府的短期资金融通或营运周转资金，资金拆款，以及各种短期有价证券的买卖，前两者的任务是作为融资的形式完成的，它不改变工商企业、金融机构和政府的长期发展方向，从而基本不涉及资金这种社会资源的长期合理配置的根本性的问题，而后者则主要是增加资金流动性的问题，所以只是投资流动性的解决方案之一。因此，货币市场不是我们通常所说的投资市场。

一般来说，货币市场包括短期国债（国库券）市场、短期地方政府债券市场、同业拆借市场、票据贴现市场、回购市场、短期外汇市场和短期大额可转让存单市场，但不包括某些存续期在一年以下的商品期货以及金融衍生工具市场。

2. 资本市场，即长期资金市场

一般资本市场上资本出让的合同期都在一年以上，这是资本市场与短期的货币市场和衍生市场的主要期限区别。它包括股票市场、股权市场、长期债券市场、长期基金市场、期货等衍生市场、长期外汇市场等。但基金市场、期货等衍生市场、外汇市场、黄金市场等很少去根据期限加以区别，所以，如果按照业务活动的期限对它们进行分割显得很怪异，因此，习惯上，我们将基金市场和金融衍生市场都归入资本市场，但却很少将外汇市场、黄金市场等归入资本市场。

3. 另类市场

基金市场、金融衍生市场、外汇市场和黄金市场等所交易的工具及其业务活动期限，既有存续期小于一年的，也有存续期大于一年的，所以理论上这些市场应该分别包括在货币市场和资本市场之内，但是习惯上我们将基金市场、金融衍生市场归入资本市场，而将外汇市场、黄金市场等单独列出。

（二）按成交后是否立即交割，金融市场分为：现货市场和期货市场、期权市场、纸货市场等

现货市场是指交易资产的成交时间和交割时间是同时的一类市场，它是和期货、期权和互换等这类资产的成交和交割在不同时间完成的多数衍生工

具市场相对应的市场的一个统称。

现货市场交易的对象是货币、债券、股票等，它们是衍生工具的标的资产。经济学上，现货市场大量交易的对象实际是各种商品，但它们不属于金融资产，所以不是金融市场所说的现货市场。

当成交和交割时间不一致时，就成为与现货市场相对应的另一类市场，它们主要包括期货市场、远期市场、纸货市场和期权市场，其共同的特点是交易物或权利的成交时间与交割时间不同。

（三）按市场功能的不同，金融市场分为：一级市场和二级市场等

1. 一级市场

金融市场的一级市场实际上是一个融资市场，对于股票、债券等证券来说，就是筹资者通过发行证券来筹集资金的市场，所以一级市场又称证券发行市场、初级金融市场或原始金融市场。在一级市场上，需求者可以通过发行股票、债券取得资金。

在发行过程中，发行者一般不直接同持币购买者进行交易，需要有中间机构办理，即证券经纪人。所以一级市场又是证券经纪人市场。一级市场有公开募集和非公开募集两种方式，所以就有公募和私募两种说法。

2. 二级市场

金融市场的二级市场实际上是一个交易市场，是已经发行在外的金融资产进行买卖交易的场所，这里金融资产可以是股票、债券、抵押贷款、人寿保险等。如果这种交易是在交易所进行的，我们称这样的市场是场内市场，如果不是在交易所进行的，我们称这种市场为场外市场。狭义地看，我们平时所说的资本市场只针对二级市场而言。

3. 第三市场、第四市场

这是美国市场的一种说法，所谓第三市场是指那些已经在证券交易所上市交易的证券，却又在证券交易所以外的地方进行交易所形成的市场，换句话说，是上市证券的场外交易市场；所谓第四市场是指不通过中介，而是通过电子网络直接进行的大宗场外证券交易。

（四）按上市条件的不同，金融市场分为：主板市场、二板市场、三板市场等

1. 主板市场

这是一个国家最初的、主要的证券市场。经过长期的市场演变，现代主板市场一般都对拟上市的公司制定了比较高的要求，这些要求使得主板市场成为成熟期公司的上市乐园。

国际上著名的主板市场主要有：纽约证券交易所、伦敦证券交易所、东京证券交易所、泛欧交易所、香港交易所等，我国的上海证券交易所和深圳证券交易所的大部分都是主板市场。

2. 二板市场

这是证券市场发展到一个新的阶段后出现的，最初成功的是美国始建于1971年的纳斯达克市场，这类市场对上市的要求与主板相比对成熟的要求有所降低，但对成长的要求增强了，因此这样的变化适应了那些成立不久，但处于成长期的高速增长型的公司，从而二板市场也常常被称为创业板市场。国际上的二板市场主要有：美国全国证券交易商自动报价市场（NASDAQ），英国另类投资市场（AIM, Alternative Investment Market），法国新兴证券市场（Nouveau Market），以及在此基础上发展而成的全欧洲范围的欧洲新市场（EVRO-NM），位于比利时面向全欧洲的 EASDAQ 市场，我国台湾场外证券市场（ROSE），新加坡证券交易及自动报价系统市场（SSEDAQ），马来西亚证券交易及自动报价场外证券市场（MESDAQ），吉隆坡证券交易所二板市场（KLSE）等。我国在深圳证券交易所内设有创业板，此外还有"中小企业板块"这个准二板市场。

3. 三板市场

按照主板、二板市场的思路，除了以上两个市场之外还有其他证券市场，这些市场没有统一的名称，通常将它们归入三板市场。

中国证券市场研究中心和中国证券交易系统有限公司先后在北京分别成立了 STAQ 系统和 NET 系统，它们都以交易法人股为主，所以一度也被称为"法人股流通市场"。2001年7月16日，为了解决这些不规范的法人股流通问题，正式成立了全称是"代办股份转让系统"（俗称"老三板"），之后，包括水仙、粤金曼和中浩等主板市场退市的股票也退出在这些市场交易。由于"老三板"挂牌的股票品种少，且多数质量较低，再次转到主板上市难度也很大，长期被冷落。为了改变我国资本市场柜台交易落后局面，同时为更多高科技成长型企业提供股份流动的机会，2006年初北京中关村科技园区建立新的股份转让系统，因与"老三板"标的明显不同，被形象地称为"新三板"。2012年8月5日，中国证监会宣布国务院批准新三板扩容。2013年12月14日，国务院正式发布《关于全国中小企业股份转让系统有关问题的决定》，决定将新三板扩容。2014年1月24日新三板正式扩容，266家新的公司在新三板挂牌交易。

在美国类似于三板市场的是柜台交易市场（OTCBB），OTCBB 成立于1990年，全称是场外电子柜台交易市场（Over the Counter Bulletin Board），是纳斯达克（NASDAQ）的管理者——全美证券商协会（NASD）管理的柜台证券交易实时报价服务系统。一般而言，任何未在美国全国市场上市或登记的证券，包括在美国全国、地方或国外发行的股票、认股权证、证券组合、美国存托凭证等；都可以在 OTCBB 市场上报价交易，虽然 OTCBB 股票与 NASDAQ 股票同样由做市商通过 NASDAQ 电脑网络进行报价，又同在 NASD 的管辖之内，但 OTCBB 与 NASDAQ 有本质不同。

OTCBB 采取了一种上市方式和门槛更为灵活的机制，对企业没有任何规模或盈利要求，只要有 3 名以上做市商愿为该证券做市，就可向 NASD 申请挂牌。从功能上说，OTCBB 板块是没有融资功能的，它注定只是一个过渡的板块，因为它不能发新股。它存在的价值就是给众多"摘牌公司"一个搁置的地方，在那里进行资产重组，或者收购，也可以进行私募。有些公司通过自己改造升级，重新把业绩做上去，升级到主板；有些不行的就另外找大股东，通过注入资产把业绩提升到能升级到主板的地步。所有 OTCBB 上的公司应该最终要去三大主板，谁如果把上 OTCBB 当成一个终点站，绝对是不正常的。一般来说，到 OTCBB 上利用"壳"做反向收购挂牌的公司应在半年到 9 个月之内升级主板，然后发行新股筹资。

经过十几年的运作，OTCBB 已确立了在美国非主板市场的霸主地位，最多时有超过 3600 家公司、交易的证券超过 6667 种，近 400 家做市商活跃于该市场。但由于 OTCBB 面向的是小企业，因此形成了发行证券数量少、价格低、流通性差、风险大的显著特点。

目前，OTCBB 上有 3300 多家挂牌企业，其中不乏几美分的垃圾股票和空壳公司，股价不到 1 美元的"壳"公司有近 1200 多家。

第二节 金融投资市场的运行机制

金融投资市场是指以金融资产为交易对象而形成的供求关系及其机制的总和。它包括三层含义：一是金融资产进行交易的一个有形和无形的场所；二是反映了金融资产的供应者和需求者之间所形成的供求关系；三是包含了金融资产交易过程中所产生的运行机制。

一、金融投资市场的功能

金融投资市场作为金融资产交易的场所，从整个经济运行的角度来看，具有如下功能：

（一）聚敛功能

金融投资市场的聚敛功能，是指金融市场引导众多分散的小额资金汇集成投入社会再生产的资金聚合。国民经济部门之间、各部门内部的资金收入和支出在时间上并不总是对称的，一些部门和单位在一定时间内有暂时闲置的资金，另一些部门和单位存在资金缺口，金融市场提供了两者沟通的渠道。金融投资市场的资金供求。就是在一定时间内的资金有余者，资金有余者的资金或者是预防未来的意外急需，或者是积累大额投资，这些暂时闲置的资金在使用之前有谋求保值增值的需要。资金需求者往往是要进行某项经济活动，或为了迫切需要，需要寻求更多的资金来源。金融投资市场就提供了这种渠道，这就是金融投资市场的资金聚敛功能。

金融投资市场之所以具有资金聚敛功能，是由于金融市场创造了金融资产的流动性和功能齐全法规完善的资金融通场所，资金需求者可以获取资金，资金供应者找到满意的投资渠道。金融市场上多样化的融资工具为资金供应者的资金找到出路，资金供应者可以依据收益、风险偏好和习惯选择其满意的投资工具，实现资金效益的最大化。

（二）配置功能

金融投资市场的配置功能，是指金融市场通过金融资产的流动，使金融资源和金融风险在个人与机构之间得到配置。在经济运行过程中，盈余部门并不一定是最有能力和机会做投资的部门，财产在这些部门得不到有效利用，金融投资市场通过将资源转移到高效率的部门，使社会经济资源能最有效地配置，实现稀缺资源的合理配置和有效利用。在金融市场上，投资者可以通过证券交易所的公开信息，以及证券价格波动所反映出来的信息判断整体经济运行情况和发展前景，决定资金和其他经济资源的投向。一般地说，资金总是流向最有发展潜力，能够带来最大利益的部门和企业，通过金融投资市场的作用，有限资源能够得到合理的利用。政府、企业及个人通过持有金融资产的方式来持有财富，在金融资产价格发生波动时，持有数量也会发生变化，一部分人的财富量随着金融资产价格的升高而增加，另一部分人由于其持有的金融资产价格下跌，所拥有的财富量也相应减少。这样，社会财富通过金融投资市场价格的波动实现了财富的再分配。金融投资市场也是风险再分配的场所，不同的主体对风险的厌恶程度不同，利用各种金融工具可以把风险转嫁，从而实现风险的再分配。

(三)调节功能

金融投资市场的调节功能,是指金融市场通过对储蓄者和投资者的影响而发挥调节宏观经济的作用。在金融市场大量的直接融资活动中,投资者为了自身利益,一定会谨慎选择投资的项目及产品。只有符合市场需要效益高的投资对象,才能获得投资者的青睐。投资对象在获得资本后,只有保持较高的经济效益和较好的发展势头,才能进一步扩张;否则,继续在金融投资市场筹资就会面临困难。这实际上是金融市场通过其特有的引导资本形成及合理配置的机制,对微观经济部门产生影响。进而影响到宏观经济活动的一种有效的自发调节机制。金融市场的发展,为政府实施对宏观经济活动的间接调控创造了条件。货币政策的调控工具有存款准备金政策、再贴现政策,公开市场操作等,这些政策的实施是以金融投资市场的存在、金融部门及企业成为金融投资市场的主体为前提。金融投资市场既提供货币政策操作的场所,也提供实施货币政策的决策信息。金融投资市场的波动是对宏观经济信息的反映,政府可以通过收集及分析金融市场的情况为政策制定提供依据。中央银行在实施货币政策时,通过金融投资市场可以调节货币供应量,传递政策信息,影响经济主体的经济活动,达到调节整个宏观经济运行的目的。此外,财政政策的实施也越来越离不开金融投资市场。政府通过国债的发行对各经济主体的行为加以调节,对宏观经济活动产生巨大的影响。

(四)反映功能

金融投资市场的反映功能,是指通过这个市场反映各种经济信息,并据以判断国民经济的变化。金融投资市场历来被称为国民经济的"晴雨表"和"气象台"。由于证券买卖大部分都在证券交易所进行,证券价格的涨跌在一个有效的市场中,实际上反映着企业的经营管理发展前景。一个有组织的市场,要求上市证券公司定期公开经营信息和财务报表,有助于人们了解及推断上市公司的发展状况。金融投资市场交易直接或间接地反映着国家货币供应量的变动,货币的紧缩和放松政策均通过金融投资市场进行,货币政策实施时,金融市场会出现波动反映着紧缩和放松的程度。因此,金融投资场所反馈的宏观经济运行方面的信息,有利于政府部门及时制定和调整宏观经济政策。由于证券交易的需求,有大量专门人员长期从事商情研究和分析,每日与各类工商业直接接触,了解企业的发展动态。金融投资市场有着广泛而及时地收集和传播信息的通信网络,整个世界金融市场已联成一体,使人们可以及时了解世界经济发展变化情况。

二、金融投资市场的广度、深度和弹性

金融投资市场的广度是指市场参与者的类型复杂程度。一个有广度的金融投资市场，主要特征就是同时有多个不同类型的参与者入市，如机构投资者、长期投资者、投机者等。他们入市的目的各不相同，有的是为了保值，有的是为了投机，有的准备长期持有某种金融工具，有的则是随时准备转手以获取差价收益。在金融投资市场中，参与者的类型和数量越多，则市场被某部分人所操纵的可能性就越小，从而市场价格就越能充分地反映目前的供求情况和对未来的预期。

金融投资市场的深度主要是指市场中是否存在足够大的经常交易量，从而可以保证某一时期，一定范围内的成交量变动不会导致市价的失常波动。从另一个角度来讲，一个有深度的市场必须拥有相当规模的市值。

金融投资市场的弹性是指应付突发事件的能力及大额成交后价格迅速调整的能力。在有弹性的市场上，市价既不会一路不振，也不会只涨不跌。对于供求双方的突然变动，市价总能迅速灵活地调整到保持供求均衡的水平上。金融投资市场的弹性强调了市场价格机制的机动灵活性。

如果要保持金融投资市场的广度、深度和弹性，就必须使金融市场处于一种适度竞争的状态，只有适度竞争的市场才能稳定，高效地融通资金，发展经济。

三、金融投资市场的要素

一个完整的金融投资市场由诸多系统组成，包括金融投资市场的交易主体、客体、信用中介和监管部门。

（一）交易主体

金融投资市场的主体主要由金融市场的投资者和融资者组成。金融市场的投资者是指为了赚取差价收入或者利息、股息收入而购买各种金融工具的主体，是金融市场的资金供应者。融资者是指金融市场的资金需求者。金融投资市场的主体是投融资活动的参与者，这种参与既可以是投融资运行全过程的参与，也可以是运行过程中某个环节的参与。根据参与方式和参与程度的不同，金融投资市场的主体可以分为企业、政府、个人、金融机构以及中央银行等。

1. 企业

企业作为重要的投融资主体，是经济活动，尤其是直接投融资活动的主要承担者。它们既通过市场筹集短期资金从事生产经营，以提高财务杠杆比

例和增加盈利;又通过发行股票或中长期债券筹集资金用于扩大再生产和经营规模。另外,企业也是金融市场上的资金供应者之一。他们在生产经营过程中往往会出现暂时闲置资金,为了使其保值或者获得盈利,也会将其暂时让渡出去,以使资金运用发挥最大效益。在当今经济全球化发展的形势下,企业的生产经营已经向国际领域延伸。跨国企业成为经济发展中最具影响力的一类群体。

(1) 企业投资

企业投资是企业为获取预期收益或为使未来收益最大化而以不同的方式直接进行或间接进行的资源或货币垫付行为。企业作为投资主体应具备四个条件:①有相对独立的决策权。企业首先应是投资决策的主体,可以自主地决定投资与否、投资方向、投资形式、投资技术以及投资规模等一系列战略问题,即它必须在投资决策中占据主导地位。这种投资决策权是经过法律认可的,是在不违背法律和国家宏观投资政策的前提下受到保护的。②拥有筹集资金和使用资金的自主权。企业投资项目所需资金,无论是内部融资(内部积累)还是外源融资,均应是企业自身设法融资获得,而资金的使用也是由企业完全自主决定的。③对投资所形成的资产拥有所有权和经营权。④自我承担风险。企业必须是投资责任主体,要对投资的结果负责,承担风险,享受收益。

(2) 企业融资

企业融资是指企业根据生产经营活动预测资金的需求数量,通过自身、金融机构和金融市场,采取适当的融资方式,获取所需资金的一种行为。为了更好地把握企业融资的内涵和外延,我们应该注意以下四点:

首先,现代企业是自主经营、自负盈亏的经济实体,这是企业融资的根本前提。不仅维持企业正常的生产经营活动需要大量资金,而且企业的进一步发展所需进行的生产规模的扩大、技术改造以及产品研发等一系列投资活动也需要巨额资金,这仅仅依靠自我积累是远远不够的。因此,企业必须进行融资。

其次,企业为了增强自身竞争力及抵御风险的能力,以获取生产技术、市场份额以及原料资源为目的的收购、兼并、战略投资等投资活动日益广泛,从而为企业在更广阔的范围内获得资金创造了极好的条件。

再次,企业融资存在资金成本。所谓资金成本是指企业为取得并使用资金所必须支付的费用。企业的股东和债权人将资金投放于企业是为了获得满意的报酬,因此企业必须从其经营收益中拿出一定数量的资金支付给投资者。

最后,企业利用负债进行生产经营会带来财务风险。财务风险主要包括三个方面：第一，负债资金会使税后利润大幅度变动；第二，负债资金会使普通股盈余大幅度变动；第三，负债资金会增加企业破产的机会。

2. 政府

政府投融资是各国经济发展的基础和原动力，是一种特殊的金融活动，其特殊性体现在：将金融性与财政性融为一体，有着货币政策与财政政策的双重功能。政府投融资可以加大社会投融资力度，扩展信用，但在拉动经济增长的同时既不会像一般信用扩张那样引发通货膨胀，也不会引起财政债务依存度过高所带来的财政风险，因此，政府投融资是一种比较安全的特殊信用活动。

政府投融资作为政策性金融，虽然与商业性金融有一定关系，但二者有着本质的区别，主要体现在：①资金来源不同。政府的资金来源于政府债务收入、社会保障资金、邮政储蓄存款等，而商业性金融的资金主要来源于企业存款、居民储蓄和吸收社会上的闲散资金。②资金投向不同。政府投融资遵循公平与效率兼顾的原则，主要投资于与国民经济发展密切相关的基础产业（农业、交通等）、高新技术产业、公用事业和欠发达地区的经济开发等。这些项目由于具有投资时间较长、微利甚至无利等特点，很难吸引商业性资金。而商业性金融主要投资于盈利性较好的项目。③资金运营的主体不同。政府投融资的运营主体为中央和地方各级政府，而商业性金融的运营主体为各级商业银行。④资金运营目标不同。政府投融资是政府行为，不以营利为主要经营目标，而是追求社会效益和宏观经济效益最大化。商业性金融则是商业行为，以获取利润为主要目标。

3. 公民个人

个人一般是金融投资市场上的主要资金供应者。个人为了存集资金购买大件商品如住房、汽车等，或为了保留资金以备急需等，都有投资保值增值的要求。因此，个人通过在金融市场上购买各种金融产品进行投资，获得资金的增值。个人可以通过直接购买债券或股票进行投资，也可以通过金融中介机构进行间接投资，如购买共同基金份额、投入保险等，但最终都是向金融投资市场提供资金。个人有时也有资金需求，但是一般数额较小，主要是用于耐用消费品购买和住房消费等。

4. 金融机构

作为金融投资市场的主体。金融机构对投融资活动的参与既包括投融资运行全过程的参与，也包括对投融资中间环节的参与。因此，金融机构既是金融投资市场的主体。也是金融投资市场的中介机构。当代金融机构中占主导地位的是商业银行，此外还包括各类非银行金融机构，如证券公司、保险公司、信托公司以及基金管理公司等。从广义上说，金融机构也属于企业的一类，只是其经营对象是货币与金融产品具有特殊性。

（1）商业银行

商业银行是指以经营存贷款为主要业务、以盈利为主要经营目标、作为金融中介提供交易服务的金融机构。与其他金融机构相比，其明显的特点是能够吸收活期存款，创造货币。商业银行的投资，是指商业银行将资金投资于各种有价证券以获取收益的活动。

（2）证券公司

证券公司是指由证券主管机关依法批准设立的在证券市场上经营证券业务的金融机构。其业务主要有以下几个方面：代理证券发行，代理证券买卖或自营证券买卖，兼并与收购业务，研究及咨询服务，资产管理以及其他服务，如代理证券还本付息和支付红利，经批准还可以经营有价证券的代保管及鉴证、接受委托办理证券的登记和过户等。证券公司的投资活动主要集中在自营业务、资产管理和风险投资三个方面。证券自营业务，是证券公司使用自有资金或者合法筹集的资金以自己的名义买卖证券获取利润的证券业务。资产管理业务是指由资产受托管理人对委托人的资产进行管理的一种资产运作方式。资产受托管理人按预定的方式收取管理费用，而资产委托人在获取投资收益的同时承担资产投资风险。风险投资是把资本投向含有失败风险的高新技术及其产品的研究开发领域，旨在促使高新技术成果尽快商品化、产业化，以取得高资本收益的一种投资过程。我国一直到2006年2月，才允许证券公司开展风险投资业务。

5. 中央银行

中央银行在金融市场上处于特殊地位，既是金融市场的行为主体，又是金融市场的监管者。从中央银行参与金融市场的角度来看，作为银行的银行充当最后贷款人角色，成为金融市场资金的提供者。为了执行货币政策，调节货币供应量，中央银行在金融市场上买卖证券，进行公开市场操作。公开市场操作不以营利为目的，但会影响金融市场上资金的供求及其他经济主体的行为。此外，一些国家的中央银行还接受政府委托，代理政府债券的还本付息。

（二）交易客体

金融投资市场的客体即金融工具，是在信用活动中能够证明金融交易金额、期限、价格的书面文件。金融工具对于债权、债务双方所应承担的义务与享有的权利，均有法律约束意义。

金融工具一般具有偿还期限、流动性、风险性和收益率等基本特征。

偿还期限是指债务人必须全部归还本金之前所经历的时间。如一张标明3个月后支付的汇票，偿还期为3个月；5年到期的公债，偿还期为5年等。但对当事人来说，更有现实意义的是从持有金融工具日期到该金融工具到期日止所经历的时间。设一张1990年发行到2010年才到期的长期国家公债券，某人如于1999年购入，对他来说，偿还期限是11年而非20年，他将用这个时间来衡量收益率。

流动性是指金融工具迅速转化为货币，而不致遭受损失的能力。变现的期限短，成本低的金融工具，流动性强；反之，则流动性差。发行者资信程度的高低，对金融工具的流动性有重要意义。如国家发行债券，信誉卓著的公司所签发的商业票据，银行发行的可转让大额定期存单等，流动性就较强。对于持有人来说，流动性强的金融工具相当于货币。在一些国家，这类金融工具往往分别被列入不同层次的货币供给范围之内，成为中央银行监控的目标。

风险性是指购买金融工具的本金是否遭受损失的风险。本金受损的风险有信用风险和市场风险两种。信用风险，指债务人不履行合约，不按期归还本金的风险。这类风险与债务人的信誉、经营状况有关。就这方面来说，风险有大有小，但很难保证绝无风险。比如在大银行存款的客户，有时也有因银行破产而遭受损失的风险。信用风险也与金融工具的种类有关，例如，一旦股份公司破产清理，优先股股东有优先要求财产的权利。信用风险对于任何金融投资者都存在，因此，认真审查投资对象，充分掌握信息至关重要。市场风险是由于金融工具市场价格下跌所带来的风险。

收益率是指持有金融工具所取得的收益与本金的比率。收益率有三种计算方法：名义收益率、即期收益率与平均收益率。

（三）信用中介

金融投资市场的中介机构能够帮助资金在借款者和贷款者之间转移。金融中介机构通过向贷款者——储蓄者借入资金，再使用这些资金向借款者——消费者发放贷款的方式来实现上述资金转移过程。举例来说，银行以吸收储蓄存款的形式通过向公众发行负债（对于公众来说是资产）来募集资金，然后银行通过向通用汽车公司发放贷款或者在金融投资市场中购买美国国债的方式，将上述资金转化为资产。最终的结果是，在金融中介机构（银行）的帮助下，资金从公众（贷款者——储蓄者）那里转移到通用汽车公司或者美国财政部（借款者——消费者）手中。

金融投资市场的中介机构可以分为三类：存款性金融机构、契约型储蓄机构和投资中介机构。

1. 存款性金融机构

存款性金融机构是指通过吸收各种存款而获得可利用资金,并将之贷给需要资金的各种经济主体,及投资于证券等以获取收益的金融机构。它们是金融市场的重要中介,也是套期保值和套利的重要主体。存款性金融机构一般包括如下几类:

（1）商业银行

在存款性金融机构中,商业银行是最主要的一种机构。现代意义上的商业银行已经成为金融领域中业务最广泛,资金规模最雄厚的存款性金融机构。它既是资金的供应者,又是资金的需求者。作为资金的需求者,商业银行可以吸收居民及企业和政府部门暂时闲置资金,还可以发行金融债券,参与同业拆借等。作为资金的供应者,商业银行主要通过贷款和投资来提供资金。此外,商业银行还通过派生存款方式创造和收缩货币,对整个金融市场的资金供应和需求产生着巨大影响。

（2）储蓄机构

储蓄机构在西方国家是一种专门以吸收储蓄存款作为资金来源的金融机构。它将大部分资金运用发放不动产抵押贷款和投资于国债。与商业银行相比,储蓄机构的资金业务期限长,抵押贷款比重高。政府常利用储蓄机构来实现其某些经济目标,其中多为房地产政策目标。因此,一些储蓄机构得到了政府的扶持。储蓄机构在各国的名称不一样,美国称储蓄贷款协会、互助储蓄银行。英国称信托储蓄银行、房屋互助协会。法国、意大利和德国称储蓄银行等。

（3）信用合作社

信用合作社是由具有共同利益的人组织起来的具有互助性质的会员组织。资金来源主要是会员的存款,也可以来自非会员的存款。资金运用是对会员提供短期贷款、消费信贷、票据贴现及从事证券投资,也有部分资金用于同业拆借等。信用合作社遍布大银行难以顾及的每一角落,促进了社会闲散资金的汇聚和利用。由于金融竞争及金融创兴的发展,信用合作社业务有拓宽的趋势。

2. 契约型储蓄机构

非存款性金融机构的资金来源和存款性金融机构吸收公众存款不一样,主要是通过发行证券或契约性的方式聚集社会闲散资金。

（1）保险公司

保险公司的主要资金来源于收取的保险费。一般说,人寿保险具有保险金支付的可预测性,只有当契约规定的事件发生时,或到约定的期限时才支付,因此,保险费实际上是一种资金来源。与财产和灾害保险公司不同,财产和灾害事故的发生具有偶然性和不确定性,决定了其资金运用方向不一致。人寿保险公司运用以追求高收益为目标,主要投资于高收益、高风险的证券等,也有一部分用作贷款。这样,人寿保险公司实际是最活跃的机构投资者。财产和灾害保险公司在资金的运用上注重资金的流动性,以货币市场上的金融工具为主。有一部分投资于安全性较高的政府债券和高级别的企业债券等。

(2) 养老基金

养老基金是一种类似于人寿保险公司的专门金融组织。资金来源是公众为退休后生活所准备的储蓄金。养老金的缴纳一般由政府立法加以规定,资金来源有保证。与人寿保险一样,养老基金也能较精确地估计未来应支付的养老金,因此,资金运用主要投资于长期公司债券、质地较好的股票和发放长期贷款。养老基金也是金融市场上的主要资金供应者。

3. 投资中介机构

(1) 投资银行

目前,投资银行业务除了证券承销外,还涉及证券的自营买卖、公司理财、企业兼并、咨询服务和基金管理。投资银行在金融上为需要资金的单位包括企业和政府部门提供筹集资金的服务,充当投资者买卖证券的经纪人和交易商。当今世界,投资银行已成为资本市场上最重要的金融中介机构。投资银行在不同的国家有不同的称呼,我国的投资银行即是证券公司。

(2) 投资基金

投资基金是向公众出售股份或收益凭证募集资金,将所获资金投资于多样化证券组合的金融中介机构。投资基金的委托人是基金的发起人,受益人是投资者,即持有基金份额的人,基金份额的持有者可以按其持有比例分享基金的投资收益。信托人负责基金资金的保管,一般由投资银行、信托公司和商业银行等大金融机构充当。投资基金可以按多种方式分类,最常见的是按基金份额的变现方式划分为开放型基金和封闭型基金。

此外,参与金融市场的还有一些官方、半官方的和各具特色的其他金融机构,如开发银行、进出口银行及农业信贷机构、金融公司等。

(四) 监管部门

由于金融投资市场存在垄断性、外部性、公共性、信息的完整性、过度竞争所带来的不稳定性以及分配不公平,都会导致金融产品和金融服务价格信息的扭曲,这种情况被称为金融市场失灵,市场失灵会引致社会资金配置效率下降,所以,社会必须通过一定的手段避免、清除或部分消除有金融市场机制本身所引起的金融产品和服务价格信息扭曲,实现社会资金的有效配置。一般来说,各国金融当局都是通过对金融投资市场进行严格的金融监管,消除或减少金融市场失灵的情况。

金融监管部门由于各国金融监管体制的差异,监管主体也存在较大的差异。但是,绝大多数金融监管活动都以政府为主体进行。我国目前对金融投资市场的主体活动监管,主要由中国人民银行、中国银行保险监督管理委员会和中国证券监督管理委员会管理。

四、金融投资市场的分类

(一)按标的物划分为货币市场、资本市场、外汇市场和黄金市场

货币市场是指以期限在1年以下的金融资产为交易标的物的短期金融市场。资本市场是指期限在1年以上的金融资产交易的市场。同货币市场一样,外汇市场是各种短期金融资产交易的市场,不同的是货币市场交易是同一种货币计值的票据,外汇市场是以不同货币计值的两种票据之间的交换。在货币市场上,所有贷款和金融资产的交易都受政府法令条例管制;在外汇市场上,一国政府只能干预或管制本国货币。黄金市场是专门进行黄金买卖的交易中心或场所。

(二)按中介特征划分为直接金融市场与间接金融市场

直接金融市场指资金需求者直接从资金所有者那里融通资金的市场,一般指通过发行债券和股票方式,在金融市场上筹集资金的融资市场。间接金融市场是通过银行等信用中介机构作为媒介来进行资金融通的市场。在间接金融市场上,资金所有者将资金存放于银行等信用中介机构,由这些机构转贷给资金需求者,不管这些资金最终归谁使用,资金所有者只拥有对信用中介机构的债权,而不能对最终使用者具有任何权利要求。直接金融市场和间接金融市场的差别,并不在于是否有金融中介机构介入,主要在于中介机构的特征差异。在直接金融市场上也有金融中介机构,只不过这类公司不像银行那样,不是资金的中介,大多是信息中介和服务中介。

(三)按流通特征划分为初级市场、二级市场、第三市场和第四市场

将资金资产首次出售给公众所形成的交易市场称为初级市场、发行市场或一级市场。金融资产的发行方式主要有包销和代销两种。所谓包销是指金

融资产的发行人与金融机构协商，由承销机构按照商定的条件把全部证券承销接下来，负责对公众销售。代销是发行人承当全部发行风险，只将公开销售事务委托投资银行办理。目前国际上流行的是包销方式。证券发行后，各种证券在不同的投资者之间流通所形成的市场即为二级市场，又称次级市场。二级市场可分为两种：一是场内市场即证券交易场所，证券交易场所是证券集中竞价的有形场所；另一种是场外交易市场又称柜台交易或店头交易市场，是在证券交易所之外进行证券买卖的市场，场外交易的证券以未上市的证券为主。

在发达的市场经济国家还存在着第三市场和第四市场，实际上都是场外市场的一部分。

第三市场是原来在交易所上市的证券，移到场外进行交易所形成的市场。相对于交易所来说，具有限制更少，成本更低的特点。第四市场是投资者和证券的卖出者直接交易形成的市场，形成的主要原因是机构投资者在证券交易越来越大，希望避开经纪人直接交易，以降低成本。

（四）按成交与定价方式划分为公开市场与议价市场

公开市场指的是金融资产的交易价格，通过众多的买主和卖主公开竞价形成的市场。金融资产在到期偿付之前可以自由交易，只卖给出价最高的买者，一般在有组织的证券交易所进行。在议价市场上，金融资产的定价与成交是通过协商或面对面讨价还价方式进行的。在发达国家，绝大多数债券和中小企业的未上市股票，都通过这种方式交易。最初，议价市场交易的证券流通范围不大，交易也不活跃，随着电讯及自动化技术的发展，该市场的交易效率已大大提高。

（五）按有无固定市场划分为有形市场和无形市场

有形市场一般指的是证券交易所等固定的交易场地。在证券交易所进行交易，首先要开设账户，然后由投资人委托证券商买卖证券，证券商负责按投资者的要求进行操作。无形市场是指在证券交易所外进行金融资产交易的总称。交易一般通过电讯工具在各金融机构、证券商及投资者之间进行，是一个无形网络，金融资产及资金可以迅速转移，大部分金融资产交易均在无形市场上进行。

（六）按交割方式划分为现货市场与期货市场

现货市场是指即期交易的市场，是金融市场上最普通的一种交易方式。现货交易包括现金交易、固定方式交易及保证金交易。现金交易是成交日和结算日在同一天发生的证券买卖，固定方式交易是指成交日和结算日之间间隔很短的几个交易日。保证金交易也称垫头交易，是投资者在资金不足想较多交易时，采取交付一定比例的现金，其余资金由经纪人垫付，买进证券的一种交易方法。目前，现货市场的大部分交易均为固定方式交易。

期货市场是指买卖双方成交后，在指定交易日办理交割的金融交易市场。一般在3至6月之间为多，包括远期合约、期货合约、期权合约、互换协议等。期货市场的金融工具在金融交易中具有套期保值、防范风险的作用，所以，种类在不断增多。

（七）按地域划分为国内金融市场和国际金融市场

国内金融市场是指金融交易范围限于一国之内的市场，除了全国性以本币计值的金融资产交易市场之外，还包括国家范围内的地方性金融市场。国际金融市场是金融资产跨越国界进行交易的活动。狭义的国际金融市场指进行各种国际金融业务的场所，又称传统国际金融市场；广义的国际金融市场还包括离岸金融市场，是非居民间从事国际金融交易的市场。离岸市场以非居民为交易对象，资金来源于所在国非居民或来自国外的外币资金。离岸金融市场基本不受所在国金融监管，可享受税收优惠待遇，资金出入境自由。离岸金融市场是一种无形市场，只存在于某一城市或地区，由所在地的金融机构与金融资产的国际性交易形成。

第三节 货币市场及投资工具

一、货币市场

（一）货币市场的概念

货币市场，是指以期限在1年以下的金融资产为交易标的物的短期金融市场。其主要功能是保持金融资产的流动性，一方面满足借款者的短期资金需求，另一方面为暂时闲置的资金找到出路。在美国金融史上，早期狭义的货币市场，指对证券经纪商和交易商进行通知放款的市场。广义的货币市场包括了短期资金市场。现在的货币市场一般指商业票据、银行承兑汇票、可转让定期存单、回购协议、联邦资金等短期信用工具买卖的市场。许多国家将银行短期贷款也归入货币市场的业务范围。一般地说，资金借贷以3到6个月期最为普遍，债券以6到9个月期为多。由于该类市场信用工具随时可以在发达的二级市场上出售变现，具有很强的变现性和流动性，功能近似于货币，故称货币市场。又由于该市场主要经营短期资金借贷，故亦称短期资金市场。

（二）货币市场的构成

货币市场就其结构而言，包括同业拆借市场、票据贴现市场、回购市场、货币市场共同基金市场等。

1. 同业拆借市场

同业拆借市场，是指金融机构之间以货币借贷方式进行短期资金融通活动的市场。同业拆借的资金主要用于弥补银行短期资金的不足，票据清算的差额以及解决临时性资金短缺需要。亦称"同业拆放市场"，是金融机构之间进行短期、临时性的调剂的市场。

同业拆借市场最早出现于美国，其形成的根本原因在于法定存款准备金制度的实施。按照美国1913年通过的《联邦储备法》的规定，加入联邦储备银行的会员银行，必须按存款数额的一定比率向联邦储备银行缴纳法定存款准备金。而由于清算业务活动和日常收付数额的变化，总会出现有的银行存款准备金多余，有的银行存款准备金不足的情况。存款准备金多余的银行需要把多余部分运用，以获得利息收入，而存款准备金不足的银行又必须设法借入资金以弥补准备金缺口，否则就会因延缴或少缴准备金而受到央行的经济处罚。在这种情况下，存款准备金多余和不足的银行，在客观上需要互相调剂。于是，1921年在美国纽约形成了以调剂联邦储备银行会员银行的准备金头寸为内容的联邦基金市场。

在经历了20世纪30年代的第一次资本主义经济危机之后，西方各国普遍强化了中央银行的作用，相继引入法定存款准备金制度作为控制商业银行信用规模的手段，与此相适应，同业拆借市场也得到了较快发展。在经历了长时间的运行与发展过程之后，当今西方国家的同业拆借市场，较之形成之时，无论在交易内容开放程度方面，还是在融资规模等方面，都发生了深刻变化。拆借交易不仅仅发生在银行之间，还扩展到银行与其他金融机构之间。从拆借目的看，已不仅仅限于补足存款准备和轧平票据交换头寸，金融机构如在经营过程中出现暂时的、临时性的资金短缺，也可进行拆借。更重要的是同业拆借已成为银行实施资产负债管理的有效工具。由于同业拆借的期限较短，风险较小，许多银行都把短期闲置资金投放于该市场，以利于及时调整资产负债结构，保持资产的流动性。特别是那些市场份额有限，承受经营风险能力脆弱的中小银行，更是把同业拆借市场作为短期资金经常性运用的场所,力图通过这种做法提高资产质量,降低经营风险,增加利息收入。

同业拆借市场的作用包括直接作用和间接作用两个方面。

(1) 直接作用

同业拆借市场的直接作用在于有利于金融机构实现三性相统一的经营目标。持有较高比例的现金,同业存款、在中央银行的超额储备存款及短期高质量证券资产,虽然可以提高流动性水平,最大限度地满足客户提款及支付的要求,但同时也会丧失资金增值的机会,导致利润总额的减少。要在保持足够的流动性以满足支付需求的同时获得最大限度的利润,除了加强资产负债管理,实现最优的资产期限和种类组合外,还需要有包括同业拆借市场在内的可供进行短期资金融通的市场。一旦出现事先未预料到的临时流动性需求。金融机构可在不必出售那些高盈利性资产情况下,很容易地通过同业拆借市场从其他金融机构借入短期资金来获得流动性。这样,既避免了因流动性不足而可能导致的危机,也不会减少预期的资产收益。

(2) 间接作用

同业拆借市场的间接作用在于,同业拆借市场利率通常被当作基准利率,对整个经济活动和宏观调控具有特殊的意义。同业拆借市场的参与者主要是各金融机构,市场特性最活跃,交易量最大。这些特性决定了拆息率非同凡响的意义。同业拆借按日计息,拆息率每天甚至每时每刻都不相同,它的高低灵敏地反映着货币市场资金的供求状况。在整个利率体系中,基准利率是在多种利率并存的条件下起决定作用的利率。当它变动时,其他利率也相应发生变化。了解这种关键性利率水平的变动趋势,也就了解了全部利率体系的变化趋势。一般利率通常参照基准利率而定。比如,伦敦银行同业拆放利率,即LIBOR(London Interbank Offered Rate)利率是指伦敦银行同业之间的短期资金借贷利率,已经作为国际金融市场中大多数浮动利率的基础利率。这最有代表性的拆息率LIBOR,已成为伦敦金融市场乃至于国际金融市场的关键性利率,许多浮动利率的融资工具在发行时都以该利率作为浮动的依据和参照。又比如,美国纽约的联邦基金市场是国际著名的同业拆借市场,它以调剂联邦储备银行的会员银行的准备头寸为主要内容,美国联邦基金市场利率是美联储货币政策的中间目标。

2. 商业票据市场

商业票据市场是商业票据发行和买卖交易活动的总括。商业票据又称商业证券,其内涵不同于以商品信用交易为基础的商业汇票,本票等广义上的商业票据,而是一种没有抵押和担保,出票人凭自身的信用发行并允诺到期付款的短期流动票据。

商业票据是从商业信用工具逐渐演化而来的。在商品交易的过程中，每笔交易的成交，通常在货物运出或劳务提供以后，卖方向买方取款，买方则可按合约规定，开出一张远期付款的票据给卖方。卖方可以持有票据，也可以拿到金融市场上去贴现。由此可见，这种商业信用工具既是商品交易的工具，又可作为融通资金的工具。随着金融市场的发展，这种工具的融资职能与商品交易相分离，变成了单纯债权债务关系的融资工具。促使企业以发行商业票据的方式筹集短期资金的外部原因是银行对单一借款人放款金额的限制。西方国家为了使商业银行放款风险分散，减少银行倒闭对经济的震动，通常用法律限制对单一借款人的放款比例。这样需要大量资金的企业就不得不直接向社会发行商业票据集资。20世纪20年代，美国的一些大公司为刺激销售，实行商品赊销和分期付款，因需要大量资金而开始发行商业票据。此后，商业票据的发行不断扩大，成为工商企业筹资的重要方式。

商业票据发行市场由发行人，包销商和投资人三方面参加。由于商业票据是一种无担保的筹资工具，因而其发行人主要是一些资信等级较高的大工商企业。各国对商业票据发行企业的评级标准基本是根据资产负债和业务状况，由高到低把企业划分成若干个等级，信誉等级高的企业发行的商业票据易于销售，信誉等级低的企业发行的商业票据易遭违约风险，有到期不能偿还的可能。大部分商业票据是通过包销商发行的，发行公司将商业票据全部卖给包销商，由包销商再转售给投资人，发行公司按包销金额支付给包销商一定的手续费。也有一部分商业票据由发行公司直接销售给投资人。商业票据的投资人主要是金融机构和个人，如商业银行、保险公司、年金组织、投资公司等。

3. 回购市场

回购市场又称为证券购回协议市场。是指通过回购协议进行短期资金融通交易的场所，市场活动由回购与逆回购组成。这里的回购协议是指资金融入方在出售证券的同时和证券购买者签订的、在一定期限内按原定价格或约定价格购回所卖证券的协议。

从本质上看，回购协议是一种质押贷款协议。虽然回购交易是以签订协议的形式进行交易的，但协议的标的物却是有价证券。我国回购协议市场上回购协议的标的物是经中国人民银行批准的，可用于在回购协议市场进行交易的政府债券、中央银行债券及金融债券。

回购协议市场从几个方面吸引投资者。首先，该市场为剩余资金的短期投资提供了现成的工具。实际上，大量的回购协议交易是一个晚上的时间进行的，称为隔夜回购。隔夜回购的利率通常比联邦基金的利率低，尽管利率很低，但对那些无法进入联邦基金市场的投资者来说，总比没有回报要好。其次，在剩余资金数量每日不定的情况下，投资者可通过滚动隔夜回购的办法来有效地管理可能的剩余资金。

4. 货币市场共同基金市场

所谓共同基金（money market mutual funds，简称 MMMFs），是指将众多的小额投资者的资金集合起来，由专门的经理人进行市场运作，赚取收益后按一定的期限及持有的份额进行分配的一种金融组织形式。而对于主要在货币市场上进行运作的共同基金，则称为货币市场共同基金。货币市场共同基金是一种特殊类型的共同基金，是美国 20 世纪 70 年代以来出现的一种新型投资理财工具。

货币市场共同基金首先是基金中的一种，同时，它又是专门投资货币市场工具的基金，与一般的基金相比，除了具有一般基金的专家理财、分散投资等特点外，货币市场共同基金还具有如下一些投资特征：①货币市场基金投资于货币市场中高质量的证券组合。②货币市场共同基金提供一种有限制的存款账户。③货币市场共同基金所受到的法规限制相对较少。

（三）货币市场的功能

货币市场产生和发展的初始动力是为了保持资金的流动性，它借助于各种短期资金融通工具将资金需求者和资金供应者联系起来，既满足了资金需求者的短期资金需要，又为资金有余者的暂时闲置资金提供了获取盈利的机会。但这只是货币市场的表面功用，将货币市场置于金融市场以至市场经济的大环境中可以发现，货币市场的功能远不止此。货币市场既从微观上为银行、企业提供灵活的管理手段，使他们在对资金的安全性、流动性、盈利性相统一的管理上更方便灵活，又为中央银行实施货币政策以调控宏观经济提供手段，为保证金融市场的发展发挥巨大作用。

1. 短期资金融通功能

市场经济条件下的各种经济行为主体客观上有资金盈余方和资金不足方之分，从期间上可分为一年期以上的长期性资金余缺和一年期以内的短期性资金余缺两大类，相对于资本市场（capital market）为中长期资金的供需提供服务，货币市场（money market）则为季节性、临时性资金的融通提供了可行之径。相对于长期投资性资金需求来说，短期性、临时性资金需求是微观经济行为主体最基本的、也是最经常的资金需求，因为短期的临时性、季节性资金不足是由于日常经济行为的频繁性所造成的，是必然的、经常的，这种资金缺口如果不能得到弥补，就连社会的简单再生产也不能维系，或者只能使商品经济处于初级水平，短期资金融通功能是货币市场的一个基本功能。

2. 管理功能

货币市场的管理功能主要是指通过其业务活动的开展，促使微观经济行为主体加强自身管理，提高经营水平和盈利能力。

（1）同业拆借市场、证券回购市场等有利于商业银行业务经营水平的提高和利润最大化目标的实现。同业拆借和证券回购是商业银行在货币市场上融通短期资金的主渠道。充分发达的同业拆借市场和证券回购市场可以适时有度地调节商业银行准备金的盈余和亏缺，使商业银行无须为了应付提取或兑现而保有大量的超额准备金，从而将各种可以用于高收益的资产得以充分运用，可谓"一举两得"。为此，商业银行要运用科学的方法进行资金的流动性管理，这使商业银行资产负债管理跃上一个新的台阶。

（2）票据市场有利于以盈利为目的的企业加强经营管理，提高自身信用水平。票据市场从票据行为上可以分为票据发行市场、票据承兑市场、票据贴现市场，从签发主体上可以分为普通企业票据和银行票据。只有信誉优良，经营业绩良好的主体才有资格签发票据并在发行、承兑、贴现各环节得到社会的认可和接受，不同信用等级的主体所签发和承兑的票据在权利义务关系上有明显的区别，如利率的高低、票据流动能力的强弱、抵押或质押的金额的大小，等等。所以，试图从票据市场上获得短期资金来源的企业必须是信誉优良的企业，而只有管理科学、效益优良的企业才符合这样的条件。

3. 政策传导功能

货币市场具有传导货币政策的功能。众所周知，市场经济国家的中央银行实施货币政策主要是通过再贴现政策、法定存款准备金政策、公开市场业务等的运用来影响市场利率和调节货币供应量以实现宏观经济调控目标的，在这个过程中货币市场发挥了基础性作用。

（1）同业拆借市场是传导中央银行货币政策的重要渠道

中央银行通过同业拆借市场传导货币政策借助于对同业拆放利率和商业银行超额准备金的影响。①同业拆放利率是市场利率体系中对中央银行的货币政策反应最为敏感和直接的利率之一，成为中央银行货币政策变化的"信号灯"。这是因为，在发达的金融市场上，同业拆借活动涉及范围广，交易量大、交易频繁，同业拆放利率成为确定其他市场利率的基础利率。国际上已形成在同业拆放利率的基础上加减协议幅度来确定利率的方法，尤其是伦敦同业拆借利率更成为国际上通用的基础利率。中央银行通过货币政策工具的操作，首先传导影响同业拆放利率，继而影响整个市场利率体系，从而达到调节货币供应量和调节宏观经济的目的。②就超额准备而言，发达的同业拆借市场会促使商业银行的超额准备维持在一个稳定的水平，这显然给中央银行控制货币供应量创造了一个良好的条件。

（2）票据市场为中央银行提供了宏观调控的载体和渠道

传统的观念认为票据市场仅限于清算，甚至短期资金融通功能也经常被忽略。实际上除了上述两个基本功能外，票据市场还为中央银行执行货币政策提供了重要载体。①再贴现政策必须在票据市场实施。一般情况下，中央银行提高再贴现率，会起到收缩票据市场的作用，反之则扩展票据市场。同时，中央银行通过票据市场信息的反馈，适时调整再贴现率，通过货币政策中介目标的变动，达到货币政策最终目标的实现。另外，随着票据市场的不断完善和发展，票据市场的稳定性不断增强，会形成一种处于均衡状态下随市场规律自由变动的，供求双方均能接受的市场价格，反映在资金价格上就是市场利率，它无疑是中央银行利率政策的重要参考。②多种多样的票据是中央银行进行公开市场业务操作的工具之一，中央银行通过买进或卖出票据投放或回笼货币，可以灵活地调节货币供应量，以实现货币政策的最终目标。

（3）国库券等短期债券是中央银行进行公开市场业务操作的主要工具

公开市场业务与存款准备金政策和再贴现政策相比有明显优势，它使中央银行处于主动地位，其规模根据宏观经济的需要可大可小，交易方法和步骤可以随意安排，不会对货币供给产生很大的冲击，同时，其操作的隐蔽性不会改变人们的心理预期，因此易于达到理想的效果。但是，开展公开市场业务操作需要中央银行具有相当规模、种类齐全的多种有价证券，其中国债尤其是短期国债是主要品种。因为国债信用优良，流动性强，适应了公开市场业务操作的需要，同时，公开市场业务操作影响的主要是短期内货币供应量的变化。所以对短期债券和票据要求较多。因此，具有普遍接受性的各种期限的国库券成为中央银行进行公开市场业务操作的主要工具。

4. 促进资本市场尤其是证券市场发展的功能

货币市场和资本市场作为金融市场的核心组成部分，前者是后者规范运作和发展的物质基础。①发达的货币市场为资本市场提供了稳定充裕的资金来源。从资金供给角度看，资金盈余方提供的资金层次是由短期到长期，由临时性到投资性的，因此货币市场在资金供给者和资本市场之间搭建了一个"资金池"，资本市场的参加者必不可少的短期资金可以从货币市场得到满足，而从资本市场退出的资金也能在货币市场找到出路。因此，货币市场和资本市场就如一对"孪生兄弟"，不可偏废于任何一方。②货币市场的良性发展减少了由于资金供求变化对社会造成的冲击。从长期市场退下来的资金有了出路，短期游资对市场的冲击力大减，投机活动达到了最大可能的抑制。因此，只有货币市场发展健全了金融市场上的资金才能得到合理的配置,从世界上大多数发达国家金融市场的发展历程中可以总结出"先货币市场,后资本市场"是金融市场发展的基本规律。

二、货币市场工具

货币市场的投资工具,主要包括:商业票据、银行承兑汇票、可转让大额存单、回购协议等。

(一)商业票据

商业票据是指由金融公司或某些信用较高的企业开出的无担保短期票据,商业票据的可靠程度依赖于发行企业的信用程度,可以背书转让。但一般不能向银行贴现。商业票据的期限在9个月以下,由于其风险较大,利率高于同期银行存款利率,商业票据可以由企业直接发售,也可以由经销商代为发售。但对出票企业信誉审查十分严格。如由经销商发售,则它实际在幕后担保了售给投资者的商业票据,商业票据有时也以折扣的方式发售。

商业票据是一种无担保的短期期票,有确定的金额及到期日。商业票据是一种可转让的金融工具,通常是不记名的。与存款单一样,商业票据是筹措流动资金的工具,从融资成本看,发行商业票据与存款单应没有什么区别,因为两者的收益率是相当的,但商业票据的期限通常在30天以内,以避免与存款单市场竞争。

商业票据的特点有:①票据是具有一定权力的凭证:付款请求权、追索权。②票据的权利与义务是不存在任何原因的,只要持票人拿到票据后,就已经取得票据所赋予的全部权力。③各国的票据法都要求对票据的形式和内容保持标准化和规范化。④票据是可流通的证券。除了票据本身的限制外,票据是可以凭背书和交付而转让。

(二)银行承兑汇票

银行承兑汇票是商业汇票的一种是由在承兑银行开立存款账户的存款人出票,向开户银行申请并经银行审查同意承兑的,保证在指定日期无条件支付确定的金额给收款人或持票人的票据。对出票人签发的商业汇票进行承兑是银行基于对出票人资信的认可而给予的信用支持。

由于有银行担保,所以银行对委托开据银行承兑汇票的单位有一定要求,银行承兑汇票的出票人具备的条件有:①在承兑银行开立存款账户的法人以及其他组织。②与承兑银行具有真实的委托付款关系。③能提供具有法律效力的购销合同及其增值税发票。④有足够的支付能力,良好的结算记录和结算信誉。⑤与银行信贷关系良好,无贷款逾期记录。⑥能提供相应的担保,或按要求存入一定比例的保证金。⑦出票人有良好的信用保证。

银行承兑汇票的特点包括:①信用好,承兑性强。银行承兑汇票经银行承兑到期无条件付款,就把企业之间的商业信用转化为银行信用。对企业来说,收到银行承兑汇票,就如同收到了现金。②流通性强,灵活性高。银行承兑汇票可以背书转让,也可以申请贴现,不会占压企业的资金。③节约资金成本。对于实力较强,银行比较信得过的企业,只需交纳规定的保证金,就能申请开立银行承兑汇票,用以进行正常的购销业务,待付款日期临近时再将资金交付给银行。由于银行承兑汇票具有上述优点,因而受到企业的欢迎。

(三)可转让大额存单

可转让大额存单是由商业银行发行的,可以在市场上转让的存款凭证。大额可转让定期存单的期限一般为14天到一年。金额较大,可流通转让,自由买卖。大额可转让存单与普通的定期存单不同:①它有规定的面额,面额一般很大。而普通的定期存款数额由存款人决定。②它可以在二级市场上转让,具有较高流动性。而普通定期存款只能在到期后提款,提前支取要支付一定的罚息。③大额可转让定期存单的利率通常高于同期限的定期存款利率,并且有的大额可转让存单按照浮动利率计息。④通常只有规模较大的货币中心银行才能发行大额可转让定期存款单。

第一张大额可转让定期存单是由美国花旗银行于1961年创造的,其目的是稳定存款、扩大资金来源。由于当时市场利率上涨,活期存款无利或利率极低,现行定期储蓄存款亦受联邦条例制约,利率上限受限制,存款纷纷从银行流出,转入收益高的金融工具。大额可转让定期存单利率较高,又可在二级市场转让,对于吸收存款大有好处,于是,这种新的金融工具诞生了。大额可转让定期存款存单除对银行起稳定存款的作用。变银行存款被动等待顾客上门为主动发行存单以吸收资金,更主动地进行负债管理和资产管理外,存单购买者还可以根据资金状况买进或卖出,调节自己的资金组合。

大额可转让定期存单的优点主要有:①对企业来讲,由于它由银行账号发行,信誉良好,危险性小。利率高于活期存款,并且可随时转让融资等,不失为营利性、安全性、流动性三者的最佳配合信用工具。②对银行来讲,发行手续简便,要求书面文件资料简单,费用也低,而且吸收的资金数额大,期限稳定，是一个很有效的筹资手段，尤其是在转让过程中，由于大额可转让存单调期成本费用比债券调期买卖低，为金融市场筹措资金及民间企业有效运用闲置资金，弥补资金短缺创造有利条件，并且由于大额可转让定期存单可自由买卖，它的利率实际上反映了资金供求状况。

第二次世界大战后，尤其是20世纪70年代，美国、日本等国发行量大幅度上升，使大额可转让定期存单业务得到迅速发展。目前，大额可转让存单已经是商业银行的主要资金来源之一。目前，在美国、日本等国，大额可转让定期存单的利率已经是对短期资金市场影响较大的利率，发挥着越来越大的作用。

（四）回购协议

回购协议也称再回购协议，指的是商业银行在出售证券等金融资产时签订协议，约定在一定期限后按原定价格或约定价格购回所卖证券，以获得即时可用资金；协议期满时，再以即时可用资金做相反交易。回购协议相对于即时资金供给者的角度又称为"反回购协议"。回购协议中的金融资产主要是证券。在发达国家，只要资金供应者接受，任何资产都可搞回购交易。而我国的回购协议则严格限制于国债。由于回购协议的交易双方都存在一些风险，因此交易通常在相互高度信任的机构间进行，并且期限一般很短。为防止其他风险，协议中可写明提供资金的数量同提供的证券市场价值之间保留一个差额—保证金。

回购协议最常见的交易方式有两种，一种是证券的卖出与购回采用相同的价格，协议到期时以约定的收益率在本金外再支付费用；另一种是购回证券时的价格高于卖出时的价格，其差额就是即时资金提供者的合理收益率。

回购协议方式具有以下特点：①将资金的收益与流动性融为一体，增大了投资者的兴趣。投资者完全可以根据自己的资金安排，与借款者签订"隔日"或"连续合同"的回购协议，在保证资金可以随时收回移作他用的前提下，增加资金的收益。②增强了长期债券的变现性，避免了证券持有者因出售长期资产以变现而可能带来的损失。③具有较强的安全性。回购协议一般期限较短，并且又有100%的债券作抵押，所以投资者可以根据资金市场行情变化，及时抽回资金，避免长期投资的风险。④较长期的回购协议可以用来套利。如银行以较低的利率用回购协议的方式取得资金，再以较高利率贷出，可以获得利差。

在美国，回购协议市场的利率一般以联邦储备资金拆借市场的利率为基准，但经常会略低一些。回购协议作为重要的短期资金融通方式，已越来越受到重视。目前。美国的回购协议市场是世界上规模最大的回购协议市场。早在20世纪90年代初，隔夜回购协议的日交易量就已经远远超过了100亿美元。拥有数千亿美元短期资金的共同基金是这个市场上的最大投资者。对他们来说，一家投资基金的经理每天通过同一个经纪人做几亿美元的回购协议交易，已是司空见惯。

第四节 资本市场及其投资工具

一、资本市场

（一）资本市场的概念

资本市场是指期限在1年以上的金融资产交易的市场。资本市场包括两个部分：银行中长期存贷款市场和有价证券市场。其中证券市场通常主要指债券市场和股票市场。在各主要国家长期资本市场的两部分中，证券市场最为重要，从金融市场发展趋势看，融资证券化特别是长期融资证券化已成为一种潮流，构成了融资活动的主要特征。

资本市场与货币市场之间的区别有：①期限的差别。资本市场上交易的金融工具均为一年以上，最长者可达数十年，股票无期限。②作用的不同。货币市场融通的资金，大多用于短期周转资金。资本上所融通的资金，大多用于创建和扩充设备，政府筹集长期资金主要用于兴办公共事业。③风险程度不同。货币市场的信用工具期限短，流动性高，价格不会发生剧烈变化，风险较小。资本市场的信用工具期限长，流动性较低价格变动幅度较大，风险较高。

（二）资本市场的构成

资本市场按融通资金方式的不同，又可分为银行中长期信贷市场和证券市场。

1. 银行中长期信贷市场

银行中长期信贷市场是一种国际银行提供中长期信贷资金的场所，为需要中长期资金的政府和企业提供资金便利。这个市场的需求者多为各国政府和工商企业。一般1年至5年的称为中期信贷，5年以上的称为长期信贷。资金利率由诸如经济形势、资金供求量、通货膨胀和金融政策等因素多方面决定，一般是在伦敦同业拆放利率基础上加一定的幅度。该市场的贷款方式，有双边贷款和多边贷款之分。

2. 证券市场

证券市场是指证券发行与流通的场所，发行证券的目的在于筹措长期资本，是长期资本借贷的一种方式。证券市场是金融市场的重要组成部分。

（三）资本市场的功能

1. 筹资—投资功能

资本市场的筹资—投资功能是指资本市场一方面为资金需求者提供了通过发行证券筹集资金的机会，另一方面为资金供给者提供了投资对象。在资本市场上交易的任何证券，既是筹资的工具，也是投资的工具。在经济运行过程中，既有资金盈余者，又有资金短缺者。资金盈余者为使自己的资金价值增值，必须寻找投资对象；而资金短缺者为了发展自己的业务，就要向社会寻找资金。为了筹集资金，资金短缺者可以通过发行各种证券来达到筹资的目的，资金盈余者则可以通过买入证券而实现投资。筹资和投资是资本市场基本功能不可分割的两个方面，忽视其中任何一个方面都会导致市场的严重缺陷。

2. 定价功能

资本市场的第二个基本功能就是为资本决定价格。证券是资本的表现形式，所以证券的价格实际上是证券所代表的资本的价格。证券的价格是证券市场上证券供求双方共同作用的结果。证券市场的运行形成了证券需求者和证券供给者的竞争关系，这种竞争的结果是：能产生高投资回报的资本，市场的需求就大，相应的，证券价格就高；反之，证券的价格就低。因此，证券市场提供了资本的合理定价机制。

3. 资本配置功能

资本市场的资本配置功能是指通过证券价格引导资本的流动从而实现资本的合理配置的功能。资本市场由于存在强大的评价、选择和监督机制，而投资主体作为理性经济人，始终具有明确的逐利动机。从而促使资金流向高效益部门，表现出资源优化配置的功能。

4. 产权功能

资本市场的产权功能是指其对市场主体的产权约束和充当产权交易中介方面所发挥的功能。产权功能是资本市场的派生功能，它通过对企业经营机制的改造、为企业提供资金融通、传递产权交易信息和提供产权中介服务而在企业产权重组的过程中发挥着重要的作用。

二、资本市场工具

资本市场是政府、公司筹措长期资金的市场,包括长期借贷市场和长期证券市场。其中长期证券市场的主要融资工具包括股票及债券。

(一)股票

股票是股份公司在筹集资本时向出资人公开或私下发行的,用以证明出资人的股本身份和权利,并根据持有人所持有的股份数享有权益和承担义务的凭证。股票是一种有价证券,代表着其持有人(股东)对股份公司的所有权,每一股同类型股票所代表的公司所有权是相等的,即"同股同权"。股票可以公开上市,也可以不上市。股票持有人(即股东)享有多种权利,如参加股东大会的权利、参与公司重大决策的权利、投票表决的权利、收取股息和分享红利的权利等。此外,公司一旦破产清算,股东享有法定程序的被赔偿权利。与此同时,股东也要承担公司运作中的所有风险。如果是上市公司,股东还承担有时与公司运作没有密切关系的市场风险。

(二)债券

债券是政府、金融机构、工商企业等直接向社会借债筹措资金时,向投资者发行,承诺按一定利率支付利息并按约定条件偿还本金的债权债务凭证。债券的本质是债的证明书。债券购买者与发行者之间是一种债权债务关系,债券发行人即债务人,投资者(债券持有人)即债权人。债券是一种有价证券。由于债券的利息通常是事先确定的,所以债券是固定利息证券(定息证券)的一种。

1. 债券的票面要素

债券作为证明债权债务关系的凭证,一般用具有一定格式的票面形式来表现。一般来说,债券票面上的基本要素主要包括以下五个方面:

(1)票面价值

债券的面值是指债券的票面价值,是发行人对债券持有人在债券到期后应偿还的本金数额,也是企业向债券持有人按期支付利息的计算依据。债券的面值与债券实际的发行价格并不一定是一致的,发行价格大于面值称为溢价发行,小于面值称为折价发行。

(2)偿还期

债券偿还期是指企业债券上载明的偿还债券本金的期限。即债券发行日至到期日之间的时间间隔。公司要结合自身资金周转状况及外部资本市场的各种影响因素来确定公司债券的偿还期。

(3) 付息期

债券的付息期是指企业发行债券后的利息支付的时间。它可以是到期一次支付，或 1 年，半年或者 3 个月支付一次。在考虑货币时间价值和通货膨胀因素的情况下，付息期对债券投资者的实际收益有很大影响。到期一次付息的债券，其利息通常是按单利计算的；而年内分期付息的债券，其利息是按复利计算的。

(4) 票面利率

债券的票面利率是指债券利息与债券面值的比率，是发行人承诺以后一定时期支付给债券持有人报酬的计算标准。债券票面利率的确定主要受到银行利率、发行者的资信状况偿还期限和利息计算方法以及当时资金市场上资金供求情况等因素的影响。

(5) 发行人名称

发行人名称指明债券的债务主体，为债权人到期追回本金和利息提供依据。

上述要素是债券票面的基本要素，但在发行时并不一定全部在票面印制出来，例如，在很多情况下，债券发行者是以公告或条例形式向社会公布债券的期限和利率。

2. 债券的性质和特征

债券作为一种债权债务凭证，与其他有价证券一样，也是一种虚拟资本，而非真实资本，它是经济运行中实际运用的真实资本的证书。

债券作为一种重要的融资手段和金融工具具有如下特征：

(1) 偿还性。债券一般都规定有偿还期限，发行人必须按约定条件偿还本金并支付利息。

(2) 流通性。债券一般都可以在流通市场上自由转让。

(3) 安全性。与股票相比，债券通常规定有固定的利率。与企业绩效没有直接联系，收益比较稳定，风险较小。此外，在企业破产时，债券持有者享有优先于股票持有者对企业剩余资产的索取权。

(4) 收益性。债券的收益性主要表现在两个方面，一是投资债券可以给投资者定期或不定期地带来利息收入；二是投资者可以利用债券价格的变动，买卖债券赚取差额。

3. 债券的类型

(1) 按发行主体划分，可分为政府债券、金融债券和公司债券。

政府债券是政府为筹集资金而发行的债券。主要包括国债、地方政府债券等，其中最主要的是国债。国债因其信誉好、利率优、风险小而又被称为

"金边债券"。除了政府部门直接发行的债券外，有些国家把政府担保的债券也划归为政府债券体系，称为政府保证债券。这种债券由一些与政府有直接关系的公司或金融机构发行，并由政府提供担保。

金融债券是由银行和非银行金融机构发行的债券。在我国金融债券主要由国家开发银行、进出口银行等政策性银行发行。金融机构一般有雄厚的资金实力，信用度较高，因此金融债券往往有良好的信誉。

在国外，没有企业债和公司债的划分，统称为公司债。在我国，企业债券是按照《企业债券管理条例》规定发行与交易，由国家发展和改革委员会监督管理的债券，在实际中，其发债主题为中央政府部门所属机构，国有独资企业或国有控股企业，因此，它在很大程度上体现了政府信用。公司债券管理机构为中国证券监督管理委员会。发债主题为按照《中华人民共和国公司法》设立的公司法人，在实践中，其发行主体为上市公司，其信用保障是发债公司的资产质量、经营状况、盈利水平和持续赢利能力等。公司债券在证券登记结算公司统一登记托管，可申请在证券交易所上市交易，其信用风险一般高于企业债券。2008年4月15日起施行的《银行间债券市场非金融企业债务融资工具管理办法》进一步促进了企业债券在银行间债券市场的发行，企业债券和公司债券成为我国商业银行越来越重要的投资对象。

（2）按财产担保划分，可分为抵押债券和信用债券。

抵押债券是以企业财产作为担保的债券，按抵押晶的不同又可以分为一般抵押债券，不动产抵押债券、动产抵押债券和证券信托抵押债券。以不动产如房屋等作为担保品，称为不动产抵押债券；以动产如适销商品等作为提供品的，称为动产抵押债券；以有价证券如股票及其他债券作为担保品的，称为证券信托债券。一旦债券发行人违约，信托人就可将担保品变卖处置，以保证债权人的优先求偿权。

信用债券是不以任何公司财产作为担保，完全凭信用发行的债券。政府债券属于此类债券。这种债券由于其发行人的绝对信用而具有坚实的可靠性。除此之外，一些公司也可发行这种债券，即信用公司债。与抵押债券相比，信用债券的持有人承担的风险较大，因而往往要求较高的利率。为了保护投资人的利益，发行这种债券的公司往往受到种种限制、只有那些信誉卓著的大公司才有资格发行。除此以外在债券契约中都要加人保护性条款，如不能将资产抵押其他债权人，不能兼并其他企业，未经债权人同意不能出售资产，不能发行其他长期债券等。（3）按债券形态划分，可分为实物债券（无记名债券）、凭证式债券和记账式债券。实物债券是一种具有标准格式实物券面的债券。在其券面上，一般印制了债券面额、债券利率、债券期限、债券发行人全称、还本付息方式等各种债券票面要素。其不记名，不挂失，可上市流通。实物债券是一般意义上的债券，很多国家通过法律或者法规对实物债券的格式予以明确规定。实物债券由于其发行成本较高，将会被逐步取消。

凭证式国债是指国家采取不印刷实物券，而用填制"国库券收款凭证"的方式发行的国债。

我国从1994年开始发行凭证式国债。凭证式国债具有类似储蓄、又优于储蓄的特点，通常被称为"储蓄式国债"，是以储蓄为目的的个人投资者理想的投资方式。从购买之日起计息，可记名、可挂失，但不能上市流通。与储蓄类似，但利息比储蓄高。

记账式债券指没有实物形态的票券，以电脑记账方式记录债权，通过证券交易所的交易系统发行和交易。我国通过沪、深交易所的交易系统发行和交易的记账式国债就是这方面的实例。如果投资者进行记账式债券的买卖，就必须在证券交易所设立账户。所以，记账式国债又称无纸化国债。

（4）按是否可转换划分，可分为可转换债券和不可转换债券。

可转换债券是指在特定时期内可以按某一固定的比例转换成普通股的债券，它具有债务与权益双重属性，属于一种混合性筹资方式。由于可转换债券赋予债券持有人将来成为公司股东的权利，因此其利率通常低于不可转换债券。若将来转换成功，在转换前发行企业达到了低成本筹资的目的，转换后又可节省股票的发行成本。根据《公司法》的规定。发行可转换债券应由国务院证券管理部门批准，发行公司应同时具备发行公司债券和发行股票的条件。不可转换债券是指不能转换为普通股的债券，又称为普通债券。由于其没有赋予债券持有人将来成为公司股东的权利，所以其利率一般高于可转换债券。

（5）按付息的方式划分，可分为零息债券，定息债券和浮息债券。

零息债券，也叫贴现债券，是指债券券面上不附有息票，在票面而上不规定利率，发行时按规定的折扣率，以低于债券面值的价格发行，到期按面值支付本息的债券。从利息支付方式来看，贴现国债以低于面额的价格发行，可以看作是利息预付，因而又可称为利息预付债券、贴水债券。零息债券是期限比较短的折现债券。

固定利率债券是将利率印在票面上并按期向债券持有人支付利息的债券。该利率不随市场利率的变化而调整，因而固定利率债券可以较好地抵制通货紧缩风险。

浮动利率债券的息票率是随市场利率变动而调整的利率。因为浮动利率债券的利率同当前市场利率挂钩，而当前市场利率又考虑到了通货膨胀率的影响，所以浮动利率债券可以较好地抵制通货膨胀风险。其利率通常根据市场基准利率加上一定的利差来确定。浮动利率债券往往是中长期债券。

（6）按是否能够提前偿还划分，可分为可赎回债券和不可赎回债券。

可赎回债券是指在债券到期前，发行人可以以事先约定的赎回价格收回的债券。公司发行可赎回债券主要是考虑到公司未来的投资机会和回避利率风险等问题，以增加公司资本结构调整的灵活性。发行可赎回债券最关键的问题是赎回期限和赎回价格的制定。不可赎回债券是指不能在债券到期前收回的债券。

（7）按偿还方式不同划分，可分为一次到期债券和分期到期债券一次到期债券是发行公司于债券到期日一次偿还全部债券本金的债券；分期到期债券可以减轻发行公司集中还本的财务负担。

（8）按计息方式分类，可分为单利债券。复利债券和累进利率债券单利债券指在计息时，不论期限长短，仅按本金计息，所生利息不再加入本金计算下期利息的债券。复利债券与单利债券相对应，指计算利息时，按一定期限将所生利息加入本金再计算利息，逐期滚算的债券。累进利率债券指年利率以利率逐年累进方法计息的债券。累进利率债券的利率随着时间的推移。后期利率比前期利率更高，呈累进状态。

第五节 金融衍生工具市场

一、金融衍生工具市场

（一）金融衍生工具的概念和特点

金融衍生工具，又称"金融衍生产品"。是指价值依赖于其他更基本标的资产的各类合约的总称。美国财务会计准则委员会（FASB）颁布了一系列公告（SFASS）将其定义为：价值衍生于一个或多个标的资产的业务或合约。根据巴塞尔银行监管委员会的定义，金融衍生工具是"一种合约，该合约的价值取决于一项或多项标的资产或指数的价值。"标的资产包括的范围很广泛，不仅包括现货金融产品（如债券、股票、银行定期存款单等），也包括金融衍生工具。金融衍生工具是在现时对金融基础工具未来可能产生的结果进行交易。其交易在现时发生而结果要到未来某一约定的时刻才能产生。衍生工具交易的对象并不是基础工具或金融商品本身，而是对这些基础工具或商品在未来各种条件下处置的权利和义务。

金融衍生工具的特点有：

1. 跨期性

金融衍生工具是交易双方通过对利率、汇率、股价等因素变动趋势的预测，约定在未来时间按照一定条件进行交易或选择是否交易的合约。无论是哪一种金融衍生工具，都会影响交易者在未来一段时间内或未来某时点上的现金流，跨期交易的特点十分突出。这就要求交易双方对利率、汇率、股价等价格因素的未来变动趋势作出判断，而判断的准确与否直接决定了交易者的交易盈亏。

2. 杠杆性

金融衍生工具交易一般只需要支付少量保证金或权利金就可以签订远期大额合约或互换不同的金融工具。例如，若期货交易保证金为合约金额的 5%，则期货交易者可以控制 20 倍于所交易金额的合约资产，实现以小搏大的效果。在收益可能成倍放大的同时，交易者所承担的风险与损失也会成倍放大，基础工具价格的轻微变动也许就会带来交易者的大盈大亏。金融衍生工具的杠杆性效应一定程度上决定了它的高投机性和高风险性。

3. 联动性

这是指金融衍生工具的价值与基础产品或基础变量紧密联系、规则变动。通常金融衍生工具与基础变量相联系的支付特征由衍生工具合约规定，其联动关系既可以是简单的线性关系，也可以表达为非线性函数或者分段函数。

4. 不确定性或高风险性

金融衍生工具的交易后果取决于交易者对基础工具（变量）未来价格（数值）的预测和判断的准确程度。基础工具价格的变幻莫测决定了金融衍生工具交易盈亏的不稳定性，这是金融衍生工具高风险性的重要诱因。基础金融工具价格不确定性仅仅是金融衍生工具风险性的一个方面，国际证监会组织在 1994 年 7 月公布的一份报告（ISOCOPD35）中认为金融衍生工具还伴随着以下几种风险：①交易中对方违约，没有履行承诺造成损失的信用风险。②因资产或指数价格不利变动可能带来损失的市场风险。③因市场缺乏交易对手而导致投资者不能平仓或变现所带来的流动性风险。④因交易对手无法按时付款或交割可能带来的结算风险。⑤因交易或管理人员的人为错误或系统故障、控制失灵而造成的操作风险。⑥因合约不符合所在国法律，无法履行或合约条款遗漏及模糊导致的法律风险。

（二）金融衍生工具市场的主要参与者

金融衍生工具市场的主要参与者包括：套期保值者（hedgers）、投机者

（specultors）和套利者（arbitrageurs）。

1. 套期保值者

套期保值或对冲风险是衍生工具市场的基本功能。套期保值是指以回避现货价格风险为目的的期货交易策略，生产经营者或商品储运商在现货市场上买进或卖出一定量的现货商品的同时。在期货市场上卖出或买进与现货品种相同，数量相当，但方向相反的期货商品（期货合约）。以一个市场的盈利弥补另一个市场的亏损，从而规避价格波动风险。简盲之，由于价格的波动，同量的相同商品在现货和期货市场的相反操作，会导致参与者在两个市场上一盈一亏的局面，且盈亏幅度大致相当，期货市场的套期保值就能达到这种盈亏平衡或者收入事先确定的效果。或者，现货资产持有人担心资产价格会在未来一段时间内下跌，他买人相应的看跌期权来管理风险，以确保卖出的资产价格不会低于事先确定的某一价格。以大豆期货为例，在我国东北，大豆在每年的4月份开始播种，到10月份收获，有半年多的生长期。受市场供求变化影响，大豆价格会发生波动。例如，2008年4月份时，大豆现货价3500元/吨，预计半年后由于全球大豆丰收，大豆价格可能大幅下跌。为了防止降价导致的损失，豆农在播种后在期货市场上以3500元/吨的价格抛售了与其大豆预计产量相当的大豆期货合约。若半年后大豆现货价格跌到3000元/吨，农民蒙受500元/吨的损失，而他在期货市场上又以3000元/吨买进期货合约，平仓其持有的期货头寸，相当于他获得每吨500元的盈利。现货市场亏损和期货市场盈利盈亏相抵，豆农种植大豆的风险实现了转移。

期权同样也可为现货资产持有者对冲风险。假设一投资者以每股25美元的价格买入10000股微软股票，现在价格为30美元/股。该投资者担心由于美国经济前景不明朗，微软股票价格会下跌。他买入100张执行价格为25美元，期限为3个月的看跌期权合约（每张合约规模为100股）。若3个月后，微软的股价下跌到20美元，投资者行权，相当于他以每股25美元卖出所有的股票。

2. 投机者

投机交易是指在衍生工具市场上以获取价差收益为目的的交易策略。投机者一般不持有现货资产，而是根据自己对未来价格走势的判断，在衍生工具市场上做出买进或卖出的决定。如果这种判断与市场价格走势相同，则投机者平仓出局后可获取投机利润：如果判断与价格走势相反，则投机者平仓出局后承担投机损失。由于投机的目的是赚取价差收益，所以，投机者一般只是平仓了结头寸，而不进行实物交割。

投机是金融衍生工具市场中不可或缺的环节。投机的主要作用表现在：

①承担价格风险。

投机者承担了套期保值者力图回避和转移的风险,使套期保值成为可能。②提高市场流动性。投机者频繁建仓,对冲手中的合约,增加了衍生工具市场的流动性,这既使套期保值交易便捷、可行,又能减少交易者进出市场所可能引起的价格波动。③有利于形成合理的价格水平。投机者通过他们的价格预期以及市场上的激烈竞争,在价格相对低估时买进相应衍生工具合约,使需求增加,导致其价格上涨,而在价格相对高估时卖出衍生工具,使价格波动趋于平稳。④有利于保持价格体系稳定。投机者的参与,促进了相关市场和相关商品的价格调整,有利于建立起不同期限衍生工具价格的期限结构,有利于形成衍生工具与标的资产之间合理的价格关系,有利于改善标的资产不同时期的供求结构。使商品价格趋于合理,从而保持价格体系的稳定。

3. 套利者

衍生工具市场中第三类主要参与者是套利者。套利是指在获取同类资产在不同市场上或不同时点上的价差为目的的交易。例如,某一资产在一个市场中的价格超出在另外一个市场中其衍生工具的理论价格,那么投资者就可以在一个市场买入被低估的资产而同时在另一个市场卖出被高估的资产。在扣除交易成本后,这两个资产的价差就被称为套利利润。由于套利者的参与,市场上不存在无风险利润。

二、主要的金融衍生工具及市场

金融衍生工具在形式上表现为一种合约(contract),在合约上载明买卖双方同意的交易品种、价格、数量、交割时间及地点等。目前,较为流行的金融行生工具合约主要有远期合约、期货合约、期权合约和互换合约这四种类型。

(一)远期与期货合约

1. 远期合约

远期(forwards)合约是 20 世纪 80 年代初兴起的一种保值工具,它是一种交易双方约定在未来的某一确定时间,以确定的价格买卖一定数量的某种金融资产的合约。合约中要规定交易的标的物,有效期和交割时的执行价格等项内容。远期合约是必须履行的协议,不像可选择不行使权利(即放弃交割)的期权。远期合约也与期货不同,其合约条件是为买卖双方量身定制的,通过场外交易(OTC)达成,而后者则是在交易所买卖的标准化合约。远期合约规定了将来交换的资产、交换的日期、交换的价格和数量,合约条款因合约双方的需要不同而不同。

远期合约主要有远期利率协议，远期外汇合约、远期股票合约。

2. 期货合约

期货（futures）合约，是交易双方按约定价格在未来某一期间完成特定资产交易行为的一种方式。远期合约交易一般规模较小，较为灵活，交易双方易于按各自的愿望对合约条件进行磋商。期货合约的交易是在有组织的交易场所内完成的，合约的内容，如资产种类、数量、价格、交割时间、交割地点等，都有标准化特点。与远期合约相比，期货交易更为规范化，更便于管理。

期货合约的特点主要有：①期货合约的商品品种，数量质量、等级、交货时间、交货地点等条款都是既定的，是标准化的、唯一的变量是价格。期货合约的标准通常由期货交易所设计，经国家监管机构审批上市。②期货合约是在期货交易所组织下成交的，具有法律效力。而价格又是在交易所的交易厅里通过公开竞价方式产生的。国外大多采用公开叫价方式，而我国均采用电脑交易。③期货合约的履行由交易所担保，不允许私下交易。④期货合约可通过交收现货或进行对冲交易来履行或解除合约义务。

期货分为商品期货和金融期货。商品期货又分工业品（可细分为金属商品、能源商品）、农产品、其他商品等的期货合约。金融期货主要是传统的金融商品（工具），如股指、利率、汇率等的期货交易。

3. 期货与远期的区别

期货合约是远期合约的发展产物，是远期合约的标准化。但这两者之间仍有很大的不同，主要表现在以下几个方面。

（1）合约产生的方式不同

期货合约是由期货交易所根据市场需求和变化推出的，合约的交易规模、标的资产的品质、交割日期、交割地点都由交易所确定，买卖双方进入交易所买卖合约就意味着接受了合约的内容。远期合约是由商品买卖双方通过协商达成的，是为了满足双方要求特别制定的合约。

（2）合约内容的标准化不同

期货合约的内容都是标准化的，由交易所在合约上做明确的约定，无须买卖双方自行协商，节约了交易时间，提高了交易效率，期货合约的唯一变量是价格。远期合约的条款则是由买卖双方协商约定的，具有很大的灵活性。

（3）合约的交易地点不同

期货合约在交易所内进行集中买卖，有固定的交易时间和地点，交易行为需要遵循期货交易所依法制定的交易规则。远期合约在交易所场外达成具体时间、地点由交易双方自行商定。

(4) 价格的确定方式不同

期货合约众多买者和卖者选择适合自己的合约后，按照各自的意愿出价和报价，通过经纪人在交易所汇合，以竞价方式来确定成交价格。远期合约的交易价格则是由买卖双方私下协商确定、一对一达成的。

(5) 交易风险不同

期货交易所通过实行严格的保证金制度，为买卖双方提供了信用担保，使得市场参与者只面临价格波动的风险，不承担信用风险。远期合约交易不但存在价格风险，还要面对信用风险，因而买卖双方一般要根据对方信用状况在合约中约定违约赔偿的条款，以降低信用风险，但即便远期合约在签约时采取了交纳定金，第三方担保等措施，然而在交易中的违约，毁约现象仍时有发生。

(6) 合约的流动性不同

期货合约在到期前转让、买卖，可以通过相反的交易，即对冲平仓来了结履约责任。远期合约受条款个性化的限制，很难找到交易对手，因此多数情况下只能等到期时履行合约，进行实物交割，否则就属于违约。

(7) 结算方式不同

期货交易每天都要由结算机构根据当天的结算价格对所有该品种期货合约的多头和空头计算浮动盈余或浮动亏损，并在其保证金账户上体现出来，如果账户出现亏损，使得保证金账户可动用的余额低于维持保证金水平，会员或客户就会被要求追加保证金，否则交易所会对其合约进行强行平仓。远期合约签订后，只有到期才能进行交割清算，期间均不能进行结算。

4. 期货交易所

期货交易所是为期货交易提供场所、设施、相关服务和交易规则的机构。它自身并不参与期货交易。在现代市场经济条件下，期货交易所已成为具有高度系统性和严密性、高度组织化和规范化的交易服务组织。世界主要期货交易市场有：

(1) 美国市场

以芝加哥和纽约为主：芝加哥商品交易所（CBOT：以农产品和国债期货见长，最早的农产品和利率期货交易所）、芝加哥商业交易所（CME：以畜产品、短期利率欧洲美元产品以及股指期货出名，最早的外汇期货、标普500股指期货和期权所在地）、芝加哥期权交易所（CBOE：以指数期权和个股期权最为成功）。纽约商业交易所（NYMEX：以石油和贵金属最为出名）、国际证券交易所（ISE：新兴的股票期权交易所）。2006年10月17日芝加哥商品交易所（CME）宣布和已竞争百年的同城对手芝加哥期货交易所（CBOT）

进行合并，这造就全球最大的衍生品交易所，由此诞生了迄今为止全球最大的交易所——芝加哥交易所集团。

（2）欧洲市场

主要是欧洲期货交易所（EUREX：主要交易德国国债和欧元区股指期货）和泛欧交易所（Euronext：主要交易欧元区短期利率期货和股指期货等），另外还有两家伦敦的商品交易所：伦敦金属交易所（LME：主要交易基础金属）、国际石油交易所（IPE：主要交易布伦特原油等能源产品）。2006年6月纽约证券交易所和泛欧证券交易所已达成涉及金额近78亿美元的合并协议。

（3）亚太期货市场

以日本、韩国、新加坡，印度，澳大利亚、中国的内地以及香港和台湾地区为主。日本期货市场主要包括以东京工业品交易所（主要是能源和贵金属期货）、东京谷物交易所（主要是农产品期货）等为主的商品交易所，以及以东京证券交易所（主要交易国债期货和股指期货）、大阪证券交易所（主要交易日经225指数期货）和东京金融交易所（主要交易短期利率期货）为主的金融期货交易所。韩国期货市场近年来发展迅速，最著名的是韩国交易所集团下的KOSPI 200指数期货与期权，交易量近几年名列全球第一。新加坡交易所集团下的期货市场上市的主要是离岸的股指期货，如摩根台指期货、日经225指数期货等。印度主要期货品种包括证券交易所上市的股指期货和个股期货以及商品交易所上市的商品期货。澳大利亚期货市场主要是当地的股指和利率期货。中国内地目前有上海期货交易所（主要交易金属，能源，橡胶等工业品期货）、大连商品交易所（交易大豆、玉米等农产品期货）以及郑州商品交易所（交易小麦，棉花、白糖等农产品期货）。中国金融期货交易所（以下简称中金所）将上市金融期货品种，首先将上市沪深300股指期货。香港地区的期货市场主要是以香港交易所集团下的恒生指数期货，H股指数期货为主。台湾地区的期货市场主要包括在台湾期货交易所上市的股指期货与期权。

（4）中南美及非洲期货市场

中南美主要是墨西哥衍生品交易所（主要交易利率、汇率期货）和巴西期货交易所（交易各类金融和商品期货）。非洲期货市场主要是南非的证券交易所下属的期货市场。上市当地金融期货品种。

（二）期权市场与期权合约

1.期权的定义

期权（option），是指赋予其购买者在规定期限内按双方约定的价格（简称协议价格（striking price）或执行价格（exercise price））购买或出售一定数量某种金融资产的权利的合约。它是一种衍生性工具，持有人有权利但没有义务在未来一段时间内或某一特定日期，以一定的价格向对方购买或出售一定数量的特定标的物。

期权的重要概念包括：

（1）买方：指购买权利并有权利行使期权的合约方。

（2）卖方：指出售权利并有义务履行期权的合约方。

（3）期权费：也叫权利金，期权的买方为获得权利面而必须向期权的卖方支付一定数量的费用。期权费是期权的价格。

（4）执行价格：是指期权合约双方约定的商品买卖的价格。

（5）标的资产（underlying asset）：选择购买或出售的资产，有股票、债券、股票指数，商品期货等。

（6）到期日（maturitydate）：期权买方所拥有的买卖基础资产的权利只在规定的时期内有效。

（7）合约有效期限：一般不超过9个月，以3个月和6个月最为常见。

2. 期权的分类

按不同的划分标准，期权可以分为不同的类型。

（1）按期权买者执行期权的时间到期日划分，期权可分为欧式期权和美式期权。

美式期权是指可以在成交后有效期内任何一天被执行的期权。也就是指期权持有者可以在期权到期日以前的任何一个工作日以前，选择执行或不执行期权合约。美式期权允许期权持有者在到期日或到期日前执行购买（如果是看涨期权）或出售（如果是看跌期权）标的资产的权利。尽管并非全部，但是许多场内交易期权都是美式期权。欧式期权即买入期权的一方必须在期权到期日当天才能行使的期权。在亚洲区的金融市场，规定行使期权的时间是期权到期日的北京时间下午14：00。过了这一时间，再有价值的期权都会自动失效作废。大部分的场外交易期权为欧式期权。

在国际通行中，介于美式及欧式选择权之间，还有第三类的选择权，即大西洋式选择权（Atlantie options），或百慕达式选择权（Bermudian options）。这是一种可以在到期日前所规定的一系列时间行权的期权。比如，期权可以有3年的到期时间，但只有在3年中每一年的最后一个月才能被执行，它的应用常常与固定收益市场有关。百慕达式选择权由于给予权证持有人更多的行权日选择，因此价格比同等条款的欧式权i证高，但应低于同等条款的美式权证。

（2）按照期权合约的标的资产划分，期权可分为实物期权和金融期权。金融期权可以分为现货期权（利率期权、外汇期权、股票期权、股价指数期权）和期货期权（利率期货期权、外汇期货期权、股价指数期货期权）。

（3）按明权买者的权利划分，期权可分为看涨期权（call option）和看跌期权（put option）。

看涨期权指期权赋予持有人在到期日或到期日之前以固定价格购买标的资产的权利。

其授予的特征是"购买"，也可称为"择购期权""买入期权""买权"。看跌期权指期权赋予持有人在到期日或到期日之前，以固定价格出售标的资产的权利。其授予的特征是"出售"，也可称为"择售期权"、""卖出期权""卖权"。

（4）按执行价格与标的物市价的关系，期权可分为实值期权、虚值期权和平价期权。实值期权是指具有内在价值的期权。当看涨期权的敲定价格低于相关期货合约的当时市场价格时，该看涨期权具有内涵价值。当看跌期权的敲定价格高于相关期货合约的当时市场价格时，该看跌期权具有内涵价值。即期货价格高于执行价格的看涨期权以及执行价格低于执行价格的看跌期权都为实值期权，它们都处于盈利状态。当看涨期权的执行价格远远低于当时的标的物价格时，该期权称为极度实值期权（deepinthemoney）。当看跌期权的执行价格远远高于当时的标的物价格时，该期权称为极度实值期权（deepinthe-money）。例如：目前期货价格为1000元/吨，执行价格为900元/吨的看涨期权为实值期权；执行价格为1100元/吨的看跌期权为实值期权。

虚值期权又称价外期权，是指不具有内涵价值的期权，即敲定价高于当时期货价格的看涨期权或敲定价低于当时期货价格的看跌期权。如果把企业的股权资本看作是一种买方期权，则标的资产即是企业的总资产，而企业的负债值可看作是期权合约，上的约定价。期权的有效期即与负债的期限相同。期货价格低于执行价格的看涨期权以及期货价格高于执行价格的看跌期权为虚值期权，它们都处于亏损的状态。例如，目前的期货价格为1000元/吨，执行价格为1100元/吨的看涨期权为虚值期权；执行价格为900元/吨的看跌期权为虚值期权。

期权合约敲定价（履约价）与相关期货合约的当时市场价格相等或大致相等的期权，称为平价期权。例如，目前的期货价格为1000元/吨，执行价格为1000/吨的看涨期权和1000元/吨的看跌期权都是平价期权，期货价格与执行价格相差越大，实值额或虚值额越大，称之为深度实值期权或深度虚值期权。期权交易过程中，实值期权、虚值期权和平价期权随期货价格变化而变化。

3. 期权与期货的区别

（1）期权的标准化合约与期货的标准化合约不同

在期货合约中，买卖的载体是标的资产，唯一的变量是期货合约的价格；而在相应的期权合约中，载体是期货合约。期货期权就是约定期货合约的买卖，所以期货合约的价格是已定的，唯一的变量是权利金。

（2）买卖双方的权利与义务不同

期货交易中，买卖双方具有合约规定的对等的权利和义务。期权交易中，期权的买方有权决定是执行权利还是放弃权利；卖方只有义务按照买方的要求去履行，买方放弃此权利时卖方才不执行合约。

（3）履约保证金规定不同

期货合约的买卖双方都要交纳一定数额的履约保证金；而在期权交易中，买方不需交纳履约保证金，只要求卖方交纳股约保证金，以表明他具有相应的履行期权合约的财力。但是期权的买方需要支付权利金（购买权利）。他的最大损失就是权利金。

（4）两种交易的风险不同

期货交易的买卖双方风险和收益结构对称。而期权交易的买卖双方风险和收益结构不对称。

（5）套期保值的作用与效果不同

期货的套期保值不是对期货而是对期货合约的标的金融工具的实物进行保值，由于期货和现货价格的运动方向会最终趋同，故套期保值能收到保护现货价格和边际利润的效果。期权也能套期保值，对买方来说，即使放弃履约，也只损失保险费，对其购买资金保了值；对卖方来说，要么按原价出售商品，要么得到保险费也同样保了值。

（6）部位了结的方式不同

期货交易中，投资者可以平仓或进行实物交割的方式了结期货交易。期权交易中，投资者了结其部位的方式包括三种：平仓、执行或到期。①平仓：原先买入的就卖出，原先卖出的就买入。②执行：期权的买方选择在有效期限内履行合约，期权卖方有义务接受该选择。③到期：买方到期放弃权利，期权失效。

（7）合约数量不同

期货交易中，期货合约只有交割月份的差异，数量固定而有限。期权交易中，期权合约不但有月份的差异，还有执行价格，看涨期权与看跌期权的差异。不但如此，随着期货价格的波动，还要挂出新的执行价格的期权合约，因此期权合约的数量较多。

4. 期权市场

期权市场是指期权合约的交易场所。与期货交易不同，期权市场未必有特定的、集中性的交易场所。因此，期权市场既包括各种场内市场（即交易所市场），也包括各种杨外市场。

（1）场外期权市场

场外期权市场（over the counter options OTC options），又被译作"店头市场期权"或"柜台式期权"，是指在非集中性的交易场所进行的非标准化的金融期权合约的交易。场外期权的参与者主要为投资银行或其他的专业及机构性投资者。

场外期权市场的特点有：①自由厘定。场外期权合约的条款没有任何限制或规范。②量体裁衣。场外期权市场的参与者可以因各自独特的需要，度身定做一份期权合约和拟定价格，然后通过场外期权经纪或自己直接找寻交易对手。③透明度相对较低。场外期权，基本上可以说是单对单的交易，当中所涉及的只有买方、卖方及经纪共三个参与者，或仅是买卖双方，并没有一个中央交易平台。④流动性差。

（2）场内期权市场

期权的场内交易（organized exchange 或 listed options exchange）是指期权合约经标准化设计，并在交易所内挂牌上市的交易。所谓标准化期权合约（standardized option contracts）是指就期权交易的单位规模，约定价格（间隔）、到期日以及执行时间等做出统一规定。在交易所内进行标准期权的买卖时，期权买卖双方并不见面，也不必理会交易的对方是谁，而是通过各自的经纪人买进和卖出期权。标准期权的权利义务已经有很明确的划分；同时，交易所通过交易制度的设计，确保场内交易参与者的权利能够实现，义务能够得到履行。

场内交易市场的特点包括：①集中交易。场内交易市场集中在一个固定的地点（证券交易所），所有的买卖双方必须在证券交易所的管理之下进行证券买卖。②公开竞价。场内交易市场证券的买卖是通过公开竞价的方式形成的，即多个买者对多个卖者以拍卖的方式进行讨价还价。③经纪制度。在场内交易市场买卖证券活动必须通过专业的经纪人，这是多年形成的规矩。④市场监管严密。在场内交易过程中，证券监督部门及证券交易所对从事证券交易各种活动监管严密，以保证场内交易市场高效有序地运行。

（三）互换市场与互换合约

1. 互换合约

互换（swaps）合约也称"掉期"，是指交易双方在合约有效期间内，以事先确定的名义金额为依据，按约定的支付率（利率、股票指数收益率等）相互交换支付的约定。互换交易的核心工具有：利率互换、外汇互换、远期利率协议、长期外汇交易和长期利率（上限和下限）期权。这些互换核心工具可被广泛运用于资产与负债管理中。

近年来，随着互换基本工具变种的不断出现，互换交易已经逐步延伸到其他金融市场中。

基本互换的变种主要涉及互换方式和双方交换的现金流形式的一系列特殊变化，具体包括：时间选择，到期日选择以及名义本金等其他方面现金流方式的重新设计等。此外，互换期权市场近年来发展迅速，隐含利率和外汇期权特点的混合互换交易也相继出现。在商品和股票等其他金融市场上，人们也越来越多地使用了互换技术，商品互换、股票指数互换以及将隐含在商品和股票市场的证券发行中的远期和期权头寸证券化的结构互换日益受到欢迎。

互换合约的特点有：①互换所载明的内容是同类商品之间的交换，但同类商品必须有某些品质方面的差别。②互换不在交易所交易，主要是通过银行进行场外交易。③互换交易具有极大的灵活性。④互换市场几乎没有政府监管。

2. 互换合约的产生与发展

1981年IBM公司和世界银行进行了一笔瑞士法郎和德国马克与美元之间的货币互换交易。当时，世界银行在欧洲美元市场上能够以较为有利的条件筹集到美元资金，但是实际需要的却是瑞士法郎和德国马克。此时持有瑞士法郎和德国马克资金的IBM公司，正好希望将这两种货币形式的资金换成美元资金，以回避利率风险。在所罗门兄弟公司的中介下，世界银行将以低息筹集到的美元资金提供给IBM公司，IBM公司将自己持有的瑞士法郎和德国马克资金提供给世界银行。通过这种互换交易，世界银行以比自己筹集资金更为有利的条件筹集到了所需的瑞士法郎和德国马克资金，IBM公司则回避了汇率风险，低成本筹集到美元资金。这是迄今为止正式公布的世界上第一笔货币互换交易。通过这项互换交易，世界银行和IBM公司在没有改变与原来的债权人之间的法律关系的情况下，以低成本筹集到了自身所需的资金。

1982年德意志银行进行了一项利率互换交易。德意志银行对某企业提供了一项长期浮动利率的贷款。当时，德意志银行为了进行长期贷款需要筹集长期资金，同时判断利率将会上升，以固定利率的形式筹集长期资金可能更为有利。德意志银行用发行长期固定利率债券的方式筹集到了长期资金,通过进行利率互换交易把固定利率变换成了浮动利率,再支付企业长期浮动利率贷款。这笔交易被认为是第一笔正式的利率互换交易。

在国际金融市场一体化潮流的背景下,互换交易作为一种灵活、有效地避险和资产负债综合管理的衍生工具,越来越受到国际金融界的重视,用途日益广泛,交易量急速增加。这种交易形式已逐步扩展到商品、股票等汇率、利率以外的领域。由于互换合约内容复杂,多采取由交易双方一对一进行直接交易的形式,缺少活跃的二级市场和交易的公开性,具有较大的信用风险和市场风险。因此,从事互换交易者多为实力雄厚、风险控制能力强的国际性金融机构,互换交易市场基本上是银行同业市场。国际清算银行(BIS)和互换交易商的国际性自律组织国际互换交易商协会(ISDA),先后制定了一系列指引和准则来规范互换交易,其风险管理越来越受到交易者和监管者的重视。

第四章 金融投资风险

第一节 金融投资的市场风险

一、市场风险的概念

金融投资的市场风险（market risk），是指金融投资的交易组合由于市场价格的反向变化，导致金融资产的市场价值产生波动带来损失的一种可能性。

1996年1月，巴塞尔委员会发布了《资本协议市场风险补充规定》，在文件中将市场风险规定为市场价格波动引起的资产负债表内和表外头寸出现亏损的风险。根据国际清算银行的定义，市场风险是指资产负债表内和表外的资产价值，由于受到股票、利率、汇率以及商品价格的变动而产生的风险。市场风险可以分为绝对风险与相对风险。绝对风险是以美元计价的潜在损失，侧重于收益的波动性；相对风险是于某种基准指数的风险，侧重于以偏离基准指数衡量的风险。

市场风险是一种综合风险，多种因素都可以导致市场风险的产生。也就是说，金融资产组合的市场风险，等于从交易开始到交易结束时间段市场价值的变化，由于将交易工具的持有期作为衡量市场风险大小的标准不科学，在任何时间都存在清偿工具和未来避险的需要，因此，金融资产的市场价值随着清偿交易的最短期限而变化，市场风险受清偿期限的影响。在清偿期限之外的时间里，市场风险具有不同的性质。可以说，市场风险是监管市场组合体系中出现的一种瑕疵，在风险监管无效的情况下，市场价值从清算交易到规避风险可以无限制的变化。

二、市场风险的构成

根据巴塞尔协议的定义，市场风险可以分为利率风险、外汇风险、购买力风险以及股票价格风险。

（一）利率风险

利率波动与金融资产的价值与收益直接相关，任何意外的利率波动都可能给银行、企业个人等金融投资者带来损失。

1.利率风险的形成

利率风险（interest rate risk），是指由于利息率的变动导致金融投资收入减少的风险。利率有许多种类，如固定利率与浮动利率、短期利率与长期利率等，随着市场状况的变化，不同种类、不同期限的利率会发生相应的变化，而各种金融投资活动的收入和费用一般是以利率作为指标来衡量的，利率的不稳定导致收入与费用的不稳定，与利率有关的各种金融投资活动将有可能面临收益率下降、收入减少以及成本提高、费用增加的状况，银行、公司、个人等投资者将面临利率变动带来的风险。

按照固定利率计算的金融投资价值与利率水平的变动之间呈负相关性。市场利率上升会导致金融资产价格的下降；反之上升，具体来说，固定利率债券的价格与市场利率呈现反方向变化。对于持有债券的投资者来说，债券到期时可以获得已知的本金与利息，债券价格波动化乎没有什么风险，但对于到期前出售债券的投资者来说，在买进债券之后，利率上升意味着资本损失，这就是利率风险。在股票市场上，当银行提高利率时，将吸引投资者撤资而转向储蓄，减少了对股票的需求，使得股票价格下跌；反之，则上涨。利率水平还影响公司的融资成本、盈利水平、公司红利和股息分配。虽然利率变动带来的风险对于不同金融资产有程度不同的影响，但中央银行的利率调节使利率风险无法避免。

利率风险成因是由于受到多个市场指标的影响。如果浮动利率在两个展期内变成了固定利率，即使时间长度、市场利率不断变化，但由于银行的基础利率是固定的，也会使得浮动利率发生变化，从而造成机会成本增加。利率风险是一种复合风险，货币供求、宏观经济变动、货币当局的货币政策，无不影响着金融投资者的决策与活动。

2.利率风险的表现形式

利率风险主要来自两方面：一是利率变动使金融资产的市场价值发生变化，导致投资收益不稳定；二是利率的变动使金融资产的净利息收入发生变化，导致投资的收益或成本不稳定。

将利率风险进行概括，可分为以下三种：

（1）短期远期利率的风险

即某种期限的短期利率在将来的某个利息期内面临的风险。

例如，某家公司需要在6个月之后借入期限为3个月的资金，公司将要受到6个月后开始的3个月期限的利率风险。由于这种利率风险是在某个短期后某个时间开始，所以称之为短期远期利率风险。

（2）一连串短期远期利率的风险

即某种期限的短期利率在将来的系列利息期内面临的风险。例如，一个证券投资者购买了一家公司发行的5年期的浮动利率债券，债券利率根据市场情况每半年调整一次，投资者将受到6个月期的债券利率在未来的10个利息期内的风险由于这种利率风险是在将来的一个连续期限内面临的，所以称之为一连串短期远期利率风险。

（3）固定期限利率的风险

即某一期限的利率所面临的风险。例如，某个投资者购买了一种10年期的固定利率的债券，将面临这10年之内市场利率变动的风险；与客户进行了5年期利率互换的一家银行，将面临5年期互换利率变动所带来的风险。

3. 利率风险的影响

导致证券价格波动的利率风险，对于金融投资的影响主要体现在对证券价格的影响上，具体表现在两个方面：

（1）对证券价格的直接影响

一个国家为了控制通货膨胀，中央银行会采取紧缩的货币政策使利率上升，市场资金流量减少，投资机会成本增大，证券价格呈现下跌趋势；另一方面，政府提高国库券发行利率，导致其他证券利率上升，证券价格有可能下跌；当证券利率上升、市场利率不变或下降时，证券价格有可能上涨；证券价格由于利率变化所发生的波动会给投资者带来投资收益减少的风险。

（2）对证券价格的间接影响

对于公司来说，利率变动影响着通过发行股票、债券等证券筹集资金的成本，影响着生产经营的成本和收益，从而影响投资者回报以至于其投资选择，导致证券价格发生波动。当利率上升，企业的债务融资成本提高、固定收益资产价格下降，企业各项支出增加；同时，由于利率较高使得市场对商品需求减少，引起企业销售减少，收益减少，经营风险增加，增大了投资者的投资风险。例如美国USG公司是芝加哥大型石膏墙板的制造商，1991年的高利率导致美国房地产业萧条，而USG公司曾在1988年为反收购举借了大量债务，利率的上升使销售收入和营业收入出现下降，而浮动利率贷款的利息支出却大大增加，公司陷入极大的困境。

（二）外汇风险

外汇风险是国际金融贸易中的一种风险，学术界将其归为市场风险的一种，使外汇汇率作为市场参数的一个子集和其他参数一起变动。

1. 外汇风险的形成

外汇风险又称为汇率风险（exchange rate risk），就是由于本币与外币的汇率发生波动使得以外币标价的收入和支出、资产和负债发生相应的变化，从而引起金融投资的收益发生变动，使得金融资产的交易者面临可观察到的风险。国家经济越开放，证券市场国际化程度越高，证券价格受汇率波动的影响就越大。当本国货币贬值或外汇升值时，导致资本流出本国，引起投资需求减少，证券价格下跌；当本国货币发生贬值，本国产品的国际竞争力增强，出口型企业将会受益，其股票价格会有所上涨，但依赖进口的企业股票价格会下降。另一方面，由于外汇升值、本国货币贬值，进口商品价格的提高带动国内物价水平上涨，有可能诱发通货膨胀。为了维护汇率稳定，政府有可能减少本国货币供应量，使得证券市场价格普遍下跌；政府也有可能在货币供应量不变的情况下，控制汇率升势，使得国债市场价格上涨。

2. 外汇风险的类型

外汇风险通常是指汇率波动带来损失的可能性，按照风险发生的原因和时间阶段，可概括为三种类型。

（1）交易风险（transaction risk）

交易风险是在运用外币进行计价收付的交易活动中，交易者因外汇汇率波动而蒙受损失的可能性。交易风险是一种流量风险，由于运用外汇的场合不同，交易风险会在不同的情况下出现，因而交易风险又可以分为买卖风险和交易结算风险。

买卖风险是在外汇买卖中，由于汇率变动可能蒙受损失的外汇风险。以外汇买卖作为基本业务的外汇银行承担的主要是买卖风险，企业在以外币进行借贷以及伴随借贷进行外汇交易时，也要承担买卖风险，进行外汇买卖的投资者同样要承担汇率波动带来损失的可能性。

外汇买卖风险是以买进或卖出外汇，将来又必须反向卖出或买进外汇作为前提而产生的风险，外汇银行在中介性外汇买卖中，持有外汇头寸的多头或空头，会因汇率变动而蒙受损失。例如，一家日本的银行当日即期买进100万美元，又卖出80万美元，从而拥有即期美元多头20万，将来轧平这笔多头美元时，有可能因为汇率水平发生变化而影响盈亏。假设当日收盘价是1美元兑换150日元，银行在当日卖出20万美元可以收回3000万日元；如果某日汇率变动为1美元兑换120日元，银行卖出20万美元只能收回2400万日元，将损失600万日元。

交易结算风险是在企业以外币计价进行的交易活动中，将来进行交易结算所运用的汇率不能确定,由于汇率波动蒙受损失的可能性。例如,一家出口企业以美元计价签订了一份出口合同,从签订合同开始到实际出口货物的装船,将出口汇票在外汇银行议付到最后收到人民币货款为止,这笔出口交易由于美元与人民币汇率的不确定,使得出口企业获得人民币货款具有不确定性,出口商品的美元货款收到最终结算时,由于汇率变动影响这笔交易的人民币货款损益。

(2) 折算风险 (translation risk)

折算风险又称为会计风险 (accounting risk),是在企业外币资产或负债的数额没有发生变化的情况下,由于汇率变动给企业带来会计账目上损失的可能性。折算风险是经济主体在对资产负债表和损益表进行会计处理中,在将功能货币(使用的货币)转换成记账货币(会计报表使用货币,通常为本国货币)时,由于汇率波动使账面发生损失的可能性。

跨国公司在编制合并会计报表时,需将海外分公司的财务报表按照一定的会计标准转换为本国货币表示。折算风险测度的是汇率变动对经济主体财务账户的影响,风险内容在很大程度上取决于会计换算方法,虽然这种损益只是会计性质的账面损益,尚未损益,并不涉及实际现金流量,但是却会影响企业向股东和社会公开营业报告。

(3) 经营风险 (operating risk)

经营风险又称为经济风险 (economic risk),是指由于汇率变动引起企业盈利能力与现金流量变化的风险。由于汇率变动,企业生产成本、销售价格以及产销数量等都受到一定的影响,使最终收益发生变化。经营风险对企业经营业绩的影响比交易风险和折算风险大,因此,经营风险影响着企业的竞争能力。经营风险很大程度上取决于企业的预测能力,准确的预测将直接影响企业的战略决策,从而影响企业承担经营风险的程度。

一般来说,在企业的经营活动中,为了正确地进行有效的评价,需要使用"现值"概念,即把将来的各种收入按照一定的时期和利率折算成当前价值。当企业经营活动涉及对外交易活动时,外汇收入和支出要按照一定的汇率折算成本国货币,因而在计算"现值"的过程中,汇率变化必然会影响到现值折算。汇率变动对现值的影响表现在两个方面:一是汇率变动后,企业外币收入折算成本国货币的数值将会受到影响;二是汇率变动后,通过一系列渠道,企业外币收入的数量将会受到影响,对企业现金流量产生一定影响。

经营风险对企业的影响错综复杂。当一国货币贬值、外汇相应升值时,对该国的出口商来说,出口商品的外币价格由于本币贬值而有所下降,国际市场对该出口商品的需求增大,刺激了出口,使商品出口额增加而企业获益;

但是，如果出口商进行生产所使用的原材料是进口商品，由于本币的贬值，则提高了以本币表示的进口原材料的价格，企业的生产成本就会增加，出口商品的结果可能是净收入增加，也可能是净收入减少。例如，一家在中国设立的外商独资企业，当人民币汇价发生波动之后，独资企业的销售情况将可能发生两种变化：一是销售数额可能扩大或缩小，称之为"市场效应"，一是企业在市场上的份额可能会有所变化，称之为"份额效应"。假设人民币对美元的汇价原为 1 美元兑换 8 元人民币，则该企业出口 10 万美元的商品（商品单价为 250 美元，共 400 件），折合人民币为 80 万元。如今人民币汇价调整为 1 美元兑换 7 元人民币，出口商品单价并不进行调低，仍按照每件 250 美元售出 400 件，出口商品的人民币收入则降为 70 万元，若要达到 80 万元人民币的出口收入，必须售出超过 400 件的商品，销售数额、市场份额增加而收入不变，或者销售数额、市场份额不变而收入减少。

（三）购买力风险

购买力风险又称为通货膨胀风险（inflation risk），是指由于通货膨胀使金融资产的投资者购买力下降，引起实际收益率下降的风险。在通货膨胀初期，公司的房地产、机器设备等固定资产账面价值因通货膨胀而增加，可以使企业从以往低价购入的原材料上获利，名义资产增值与名义盈利增加，使公司发行的证券市场价格上涨。与此同时，预感到通货膨胀可能加剧的人们，为了保值也会抢购证券刺激证券价格短暂上扬。然而，当通货膨胀持续上升之后，公司资产的虚假增值显露出来，生产成本因原材料价格上升而提高，利润相应减少，证券价格走势逆转。当严重通货膨胀发生时，投资者持有的证券贬值，面临抛售证券得到的货币收入的实际购买力下降的风险。

投资者收益和本金的购买力损失，主要来自通货膨胀。在物价大幅度上涨出现通货膨胀时，尽管投资者名义收益和本金不变，但只要收益增长幅度小于物价的上升幅度，投资者的收益和本金购买力就会下降，通货膨胀侵蚀了投资者的实际收益。通货膨胀风险作为物价变动影响金融资产价格变动的一种风险，主要有两种情况：一种是一些重要物品（如电、煤、油等）价格的变动，影响大部分产品的成本和收益；另一种是物价指数变动。在物价指数上涨时货币贬值，人们会觉得购买债券进行金融投资比较吃亏，从而对金融资产需求减少，金融资产价格下降。

在金融投资中，由于投资中本金收回以及收益获得都以货币来实现，虽然投资的本金和收益可以保持不变，但对金融资产的购买力却会因为价格水平的变化而降低，因此，金融资产都要受到通货膨胀的影响，通货膨胀造成单位货币购买力下降，最终使货币的实际余额下降，使得投资者即使在投资收入增加的情况下，也会由于通货膨胀因素使其实际收益率下降。

金融投资的实际收益率近似于名义收益率与通货膨胀率之差：

实际收益率 = 义收益率－通货膨胀率

其中，名义收益率是指金融资产（债券或股票等）票面上已经标明的收益率。由于通货膨胀的发生，货币购买力水平下降，投资者的实际收益率大小取决于其名义收益率是否高于通货膨胀率。当名义收益率一定时，通货膨胀率越高，实际收益率越低；当通货膨胀率超过名义收益率时，实际收益率将变为负值，意味着投资者不仅没有收益，投资本金有可能受到损失。

（四）股票价格风险

股票价格风险，是由于股票价格的波动给投资者带来损失的可能性。波动是股票市场的基本特征，是不可避免的市场现象，无论是成熟的股票市场，还是新兴的股票市场，价格波动风险都存在，股票市场价格波动引起的风险主要有两种：一种是无规则风险，即某种股票价格涨落的风险对其他股票的价格不产生影响；另一种是规则风险，即整个股票市场价格涨落的风险。无规则价格风险可以通过投资多样化来进行分散，但对于规则风险，这种方式并不适用，综合反映整个股票市场价格升降变化的股票指数的交易和期货交易，就是为了避免规则风险而产生的。

股票价格的变化，主要受股票供求关系的推动，影响股票供求关系的因素，成为影响股票价格变化的因素。虽然在不同时期影响股票供求关系造成股票价格发生波动的因素有所不同，但从总的来看，主要包括：经济增长、经济周期、利率、投资、货币供求、财政收支、物价、国际收支及汇率等宏观经济因素，政局、战争、劳资纠纷以及自然灾害等政治因素与自然因素，行业寿命、行业景气循环等行业因素，公司利润、股息、红利、重大人事变动等公司自身的因素，以及投机性、技术性因素等。由于诸多因素的影响，股票市场价格的波动很大，可能背离股票的投资价值。股票市场因各种因素影响而引起股票价格波动的风险，存在着直接或间接对投资者造成收益或本金的损失的可能性。1991年6月，上海股票市场处于持续下跌，持有股票的投资者不但没有收益，由于股票价值跌至票面之下反而损失不少；而拥有资金者不愿贸然进场。然而，进入7月之后，在外地投资者进入和浦东开发等重大项目的推动下，上海股市大振，股票供不应求。

1. 股票的本质决定了股票价格的不确定性

股票是一种虚拟资本，是代表一定资本的价值符号，价格是市场对资本未来预期收益的货币折现。股票预期收益受利率、汇率、通货膨胀率，以及股份公司所属行业前景、经营者能力、投资者和社会心理等诸多因素影响，预期收益难以准确估计，从而使股票价格具有不确定性。

股票的这一属性，决定了以股票作为交易对象的股票市场，从形成到运作都具有很高的风险性。

2. 股票市场运作的复杂性导致了股票价格的波动性

在股票市场，股票交易的运作过程，实际上是市场供给与需求之间由不平衡到平衡、由平衡到不平衡的循环往复过程；但与其他商品市场不同，股票市场供需主体、决定供需变化的因素和机制更加复杂。市场参与者的地位、对市场的熟悉程度、对市场的要求都是千差万别，代表着不同的利益群体，运作机制也各不相同。从交易工具看，股票、基金以及金融衍生商品等各类金融工具，在性质、交易方式、价格形成机制等方面既自成体系又彼此联系，股票价格更加难以捉摸，不断波动成为主要特征。

3. 投机行为加剧了股票市场的不稳定性

在股票市场运作过程中，投资与投机行为相互伴生。投机资本追逐利润的行为，加剧了市场价格波动，当投机行为超过了正常界限，过度投机将使市场风险增大。

第二节 金融投资的公司风险

公司风险（corporate risk）是指上市公司由于行业竞争、市场需求、原材料供给、成本费用的变化，以及自身经营和管理等因素，引起公司盈利水平发生变化而使投资者收益下降的可能性。公司在经营的过程中，由于管理不善、技术水平不高、产品缺乏竞争力，导致公司经营效益不好，产生支付危机，甚至导致资不抵债，引起股票价格下跌，给股票的持有人带来损失。上市公司风险是证券市场的主要风险。一般来说，公司风险主要由经营风险、财务风险以及诚信风险所构成。

一、经营风险

经营风险，是指由于上市公司所处行业整体经营形势的变化，或经营决策重大失误、重大诉讼等方面的因素，可能引起公司证券价格的波动等因素使投资者亏损的可能性。

经营风险是指由上市公司经营管理过程中发生的失误导致的公司资产减少使投资者遭受损失的风险。在公司经营过程中，由于管理者水平较差，生产效率低，或者由于公司产品老化、质量低劣，失去市场竞争力等，这类风险属于经营风险。上市公司收益中，只有经营性收益才是可靠的、可持续的，各种非经营性收益具有一定的偶然性。在收益中，经营性收益所占的比重越大，公司质量越好。营业利润、净收益营运指数是反映企业收益质量、衡量经营风险的指标，如果一家公司主营业务发生亏损，不能在短期内扭亏，将很快陷入经营困境。在公司的经营活动中，经常会遇到各种问题，市场上产品的滞销、政府产业政策的影响、为防治污染使公司成本增加等，都可能使其受到影响。

经营风险是指上市公司由于外部经营环境以及内部经营管理方面的问题造成公司收入变动，引起的投资者收益不确定。上市公司经营风险的程度取决于公司的经营活动，很难准确预测经营风险的大小。由于公司收益和现金流量依赖于收入，上市公司经营业务越复杂，收益与现金流量越不确定，经营风险越大。

（一）关联交易

公司为了隐瞒真实财务状况，通过关联交易将巨额亏损转移到关联公司，甚至与关联公司杜撰一些复杂的交易，仅从会计方法上看，其利润过程是合法的，但却不能真正实现。这种关联交易对公司的正常经营活动将产生较大的负作用。

（二）非常交易

公司为了"扭亏为盈"或达到管理机构规定的配股条件，常常采取出让土地、设备、股权等一些非常交易，或通过年末发生非常销售业务、收取政府补贴等，获取一些非常收益，同时也埋下巨大的风险隐患。

（三）非货币性交易

公司从事转让土地、股权等巨额资产的非货币性交易业务，没有现金流入，只是借记"应收款"，同时确认转让利润；还有一些公司通过非法渠道将资金拆借出，或将资金投入子公司，没有现金流入，这些资金难以收回，但公司仍以此确认利息收入或投资收益，形成公司的非货币性收入，降低了公司的收益质量，使投资者对公司的获利能力产生怀疑，引起公司股票价格的波动。

（四）主营业务严重亏损

公司的主营业务不突出，甚至亏损。公司不是通过开拓市场、改善管理等方式使主营业务亏损，而是通过非常交易、非货币性交易、关联交易等手段来掩盖亏损，公司收益质量不断下降，正常的经营活动被忽视，主营业务的亏损日益严重，公司的经营风险增大。

（五）经营管理不善

公司为了提高盈利水平，将科技成果应用于生产之中，但在科技成果的转化和应用过程中，由于管理不善造成决策上失误、组织结构不合理、人力资源大量流失，导致科技成果应用的失败，加大了公司的经营风险。

（六）公司参与权风险

对股份公司来说，大股东都积极参与经营决策。特别是有一些公司的管理者和技术发明人持有公司大比例股权，甚至拥有绝对控股权，在一定程度上降低了公司管理的公开性和小股东的参与程度，增加了公司管理的随意性。在主要管理者的道德水准和决策能力较低的情况下，非常容易产生关联交易、利益输送、决策失误等使小股东利益受损的风险。

二、财务风险

财务风险，是指上市公司由于财务管理不当、规划不善等因素造成财务结构不合理、融资不当，从而形成营业损失和资本损失导致投资者预期收益下降的风险。一家公司如果发生经营性风险，可以通过调整经营方向、开拓经营规模等进行改善，但若存在财务风险，有可能用不实的财务数据欺瞒股东，误导投资者，投资者要谨慎对待。上市公司财务风险主要表现有：

（一）资本结构风险

资本结构决定了公司的债务风险，公司有无支付现金能力和偿还债务的能力，是其能否健康发展的关键。资产负债率是反映公司资本结构，衡量债务风险的指标，如果公司的资本结构不合理，用负债进行的投资不能按期收回并取得预期收益，必将面临无力偿还债务的风险，其结果不仅导致公司资金紧张，影响公司的信用程度，而且可能由于不能及时清偿到期债务面临破产的风险。

（二）现金风险

现金风险是指公司的现金流出量超过了现金流入量导致到期不能偿付债务本息的风险，是由于资金调度不当或资金结构不合理引起的。现金风险是一种个别风险，表现为某一项债务不能偿还，或者某一些收入和费用当期不能及时偿还；作为一种支付风险，现金风险与公司收支是否盈余没有直接关系，即使公司有利润，并不等于公司现金的净流入。在公司生产经营活动中，公司对现金依赖是硬性的，如果"造血功能"出现问题，公司生存将面临很多困难。现金营运指数是反映公司现金回收质量、衡量现金风险的指标，理想的现金营运指数应为1，小于1的现金营运指数反映了公司部分收益没有取得现金，而是停留在债权形态。如果公司的现金营运指数小于1，甚至在0以下，说明公司的生产经营只有依靠非经营性活动才能维持，营运风险很大。

（三）筹资风险

筹资风险主要表现在筹资成本费用过大、利率过高，债务期限结构不合理造成的财务危机，具体分为债务性筹资风险和权益性筹资风险。债务性筹资风险是公司到期不能偿还债务的风险，具有筹资额度越大偿债风险越大的特征；权益性筹资风险是公司所筹资金未能实现预期效益，发生亏损无力支付投资人报酬的风险，存在于投资收益的不确定上，由于负债经营使公司负债比率加大，相应地对债权人的债权保证程度降低，在很大程度上限制了公司从其他渠道增加负债的能力。加之公司各种非规范的融资行为的存在，增大了筹集难度，一旦公司资金周转发生困难，极易陷入财务危机。

（四）投资风险

投资风险是指公司因投资活动带来的不确定性，主要表现在：投资项目在工艺技术上的不可行，尚不成熟或过于陈旧；市场调研有误，产品滞销；投资项目规划过大，扩张过度而无力控制；负债经营负债率过高，造成沉重债务负担；技术和市场等各发生变化，导致实际投资收益与预期相差甚远。

（五）收支风险

收支风险是指公司在收不抵支的情况下，出现不能偿还到期债务本息和股东报酬的风险。

收支性财务风险是由于资金调度不当，或资金结构不合理引起的一种整体风险，与某一具体债务或某一时点上的债务偿还无关，对公司的全部债务偿还和股利支付产生不利影响；收支性财务风险是一种支付风险，不仅源于理财不当，而且源于经营不善，一旦出现收不抵支，债权人权益股东收益将严重受损。

三、诚信风险

诚信风险，是指公司不能或不愿履行约定或义务而给投资者带来损失的可能性。对于证券投资来说，诚信风险是公司不能按时充分支付债务本金或利息对债务的违约风险，证券发行公司财务状况恶化时，违约风险可能发生，当违约风险发生时，证券价格会急剧下降，有可能导致公司破产。

诚信风险主要表现在公司债券的投资中，发行债券的公司由于各种原因，不能完全履行责任。公司发行债券后，其营运成绩、财务状况都直接反映在债券的市场价格上，一旦公司走向衰退，投资者由于担心公司无法按期履行契约和按规定支付利息，将抛售持有债券，债券市场价格下跌，从而使投资者遭受损失。

（一）法律纠纷的风险

由于种种原因，公司介入了法律纠纷，给公司造成数量不等的负债或损失，致使公司陷入极度的财务困境，公司几乎丧失甚至失去了持续经营的能力，公司根本没有能力履行其对股东的各项承诺，以及到期的债务、债息的偿还。

（二）操纵股价风险

上市公司股票所代表的净资产是股票的账面价值。如果上市公司股票账面价值低于票面价值，投资该公司股票的风险很大。一些公司在年报或中报之前，为了达到某种目的，往往会通过操纵市场使公司股票发生短期急剧波动。这种操纵行为往往与操纵会计数据结合在一起，操纵会计数据又往往与注册会计师协助作假有关，隐瞒了公司的真实财务状况，形成较高的资本益价蒙骗投资者。

（三）收回风险

一些公司在发行债券时规定了可以提前收回债券的条款，从而存在着债券在一个不利于债权人的时刻被债务人（公司）收回的可能性。当市场利率低于债券利率时，提前收回债券对发行公司是有利的，这种状况使债券持有人面临着权利义务不对称的风险。也就是说，购买公司债券的投资者在债券价格下降时，承担了利率升高的所有负担，但在利率降低、债券价格升高时，由于发行公司提前收回，并没有得到债券价格升高的好处。

（四）突发事件风险

由于自然灾害、意外事故等一些突然事件，极大损害了公司的还本付息能力，使发行债券的公司不能按期履行归还本金、支付利息的义务，而使投资者承担遭受损失的风险。

第三节 金融投资的行业风险

投资者的金融投资，不仅面临经济、政治、市场等变化带来的金融风险，而且，还存在着由于发行公司所处行业所形成的风险。

一、行业风险的概念

金融投资的行业风险（business risk）又称为非市场风险，是指由于行业技术更新、行业产品生命周期等因素的影响，使行业发展前景发生变化，导致该行业证券价格发生变动，使投资者遭受的风险。

公司处于某个行业，行业调整、政府政策改变、行业的竞争状况和产品结构调整，对行业的影响必然对行业的平均利润率带来影响，影响行业内的公司，影响公司的股票收益，是存在于行业的特有风险。一般来说，具有较高市场风险的行业是基础行业、原材料行业等，这些行业的销售、利润和证券价格与经济活动、证券市场情况联系密切；具有比较高的非市场风险的行业主要是公用事业、通信行业、食品行业等生产非耐用消费品的行业。

行业因素是股票投资者在上市公司基本面分析中考虑的重要方面，也是对基本面因素风险进行分析的重要因素。一个行业所处的发展时期、技术进步、政府政策、社会习惯以及税收政策等因素影响着行业的兴衰，各行业的变动以及所呈现出的增长或衰退格局，将引起该行业证券价格的波动。通过对不同行业增长的比较分析，能够确定某上市公司是属于增长型行业还是衰退型行业，以及行业生命周期的状态，确定投资某一行业的风险程度，把握和规避行业风险。

二、行业风险的构成

随着经济的不断发展，经济活动的发展进一步模糊了行业之间的界限，投资分析家和投资者在进行行业风险的分析时，比较著名而且被广泛使用的行业分类方法是将行业按照特定行业、特定功能和特定产品对行业进行系统分类的标准行业分类系统。虽然一些行业的证券的市场价格表现会明显比其他行业好，但行业的排名并非具有可以信赖的持续性，行业的表现也并非总是一致的，过去的价格并不总是能够对未来的价格做出预测，所以，行业所处的地位、发展前景、经济结构的调整、行业之间的竞争、政府政策的改变等因素，都成为行业盈利发生变化的诱因，从而影响着这些行业证券的收益，形成了不同的风险形式。

（一）经济周期风险

经济运行一般有周期变化规律，不同的行业对于经济周期的反应不同，经济周期性变化是引发行业风险的重要因素。建筑业、房地产业等对经济周期就十分敏感，经济复苏时，这些行业发展较迅速，这些行业的投资不断增加；而当经济萎缩时，这些行业投资不断减少，投资风险随之增大。证券行业对利率十分敏感，不同的经济周期，中央银行货币政策的变化会对市场利率产生影响，从而使利率敏感性证券行业直接、间接地面临着风险。当经济处于繁荣时期，高速发展时，中央银行为了抑制经济的过快增长，会采取提高利率的政策措施，这时金融业、保险业、证券业都面临利率变化所带来的风险。

（二）行业周期风险

行业周期风险，是指由于行业寿命周期的变化而使行业利润率发生变化，引起公司证券价格发生波动所形成的风险。

每个行业都有寿命周期，行业寿命周期一般包括四个阶段：创业阶段、发展阶段、稳定阶段和衰退阶段。在公司处于行业开创期阶段时，公司证券价格不会太高，交易也不活跃；处于繁荣期行业的公司，由于利润增长，公司证券价格稳步上升，证券交易也活跃；当行业进入衰退期后，利润减少，该行业证券价格也会由于投资者对未来收益预期的下降而下跌。行业寿命周期的变动，行业所呈现的发展、成熟、衰退的特征，改变投资者的选择，从而引起行业的证券价格的波动。

在行业创业期，市场需求增长快，大多数公司利润会增长，极好的发展机会吸引更多的公司加入这一行业里来，公司之间展开了激烈的竞争，弱小公司会被淘汰，因此，处于创业时期的公司，可能给投资者带来大的收益，也具有极大的风险。每一个行业中都会有一些公司失败，或者经营状况非常糟糕，大多数投资者会设法避免创业时的风险。在20世纪80年代，计算机工业是处于创业阶段的产业，由于预计未来对于计算机产品的巨大需求，许多新公司加入了计算机行业，市场展开了激烈竞争。

在行业发展期，公司继续发展壮大，发展速度虽比以前平缓，但基础更加平稳，发展潜力已经显现，投资风险减少，会给投资者带来很好的投资机会，投资者更愿意投资于发展阶段的公司。

在行业稳定期，公司生产成本趋于稳定，会在一定时期内出现停滞现象。处于稳定时期的公司收益和股息增长率政策通常是稳健的，投资风险比较小，但对于资本利得更感兴趣的投资者，应当避免成熟时期，因为这些公司没有更高的增长空间在行业衰退期，行业发展萎缩，利润减少，公司纷纷退出该行业，投资者对未来收益的预期下降而抛售证券，价格下跌，投资风险加大。

（三）竞争风险

竞争性风险，是行业之间以及行业内部之间竞争的加剧，所诱发的证券价格波动给投资者带来损失的可能性

行业竞争强度决定了该行业获取高于平均回报率的能力。不同行业之间的竞争强度存在显著的差别，不同竞争程度的行业对经济波动的反应不同，行业利润水平不同，利润稳定程度也不同，投资者对行业的选择影响公司证券的需求，必然引起证券价格的波动。行业间的竞争以及竞争激烈程度都引起投资者投资决策、投资行为的改变，形成行业竞争所带来的证券价格波动的风险。

按照行业的竞争程度，大致分为四种：完全竞争、不完全竞争、寡头独占、垄断。完全竞争的行业中存在着生产同一种产品的大量公司，所有单个公司都难以对产品的价格产生影响，公司利润率主要取决于产品的供求，公司不能控制价格；不完全竞争行业也称为垄断竞争，显著标志是行业内部产品虽然属于同一类，但产品之间存在差别，市场对产品的需求完全依据价格决定，行业内部产品价格的竞争仍然存在；寡头独占行业中存在着为数不多的生产和销售者，其产品价格的形成可以通过协议来控制售卖价格，这些公司间的竞争已超出了价格的范围，延伸到提供相关服务和便利等非价格的其他方面；垄断行业主要是城市供水、供电、供气等公用事业公司，单独一家公司销售一种没有替代品的产品，产品成本很大，公司不能随心所欲规定价格，政府对价格限定一般是厂商能够得到足够的投资收益。因此，对于完全竞争行业、不完全竞争行业、寡头独占行业以及垄断行业，由于产品价格的确定不同，行业利润水平不同，对经济波动的反应不同，投资风险也不同。随着竞争的加剧，处于不同行业的公司的证券价格，由于市场供求变化而发生程度不同的波动。

（四）政策性风险

政策性风险，是由于政府政策的变动对行业发展带来一定的影响，使行业发展受阻、盈利水平降低，给投资者带来的风险。

产业政策是一个国家根据一定时期国民经济发展的内在要求，通过各种

直接、间接的政策手段，引导产业发展，调整产业组织形式，促进产业部门的均衡发展，实现一定经济发展阶段战略目标的经济政策。作为整个宏观经济政策体系的一个重要组成部分，产业政策决定了某些产业在该国的发展前景。各个国家的政府在不同时期，针对经济发展的状况会出台一些扶持产业发展的政策。当产业政策向某一个行业倾斜时，该行业获得财政、税收、信贷、进出口等方面的优惠，发展前景看好，利润水平上升，投资收益率提高，投资与这类行业有关的证券，一般都会得到丰厚的回报。相反，国家政策限制发展的行业，政府会用相应的经济杠杆阻碍其发展，对这些行业的投资风险较大。

对于不同行业的发展与控制，政府主要是通过政策措施来进行支持与抑制，政府政策的变动不仅对行业发展直接产生作用，通过告示效应在整个社会产生巨大影响，从生产、供给、销售等各个方面影响行业营运，对证券价格产生直接的影响，带来投资风险。对于政策变动所带来的风险可以从两方面进行分析：一是根据国家和地方的宏观经济形势的预期来衡量政策性风险的大小。在经济形势过热时，政府有可能出台一些措施压缩基础设施建设，实行紧缩银根，从而对一些行业的发展和公司的经营产生比较大的冲击；二是根据对行业的国民经济评价和社会评价，确定政府进行政策调整的成本，依据政府扶持政策发生变动的程度来衡量政策性风险的大小。国民经济评价是从国家或地区的角度，以全社会作为对象分析行业对国民经济的费用与效益，考察其发展的经济合理性；社会评价是从社会福利水平的角度，通过就业效果评价、收益效果评价、节约能源效果评价等，对行业直接或间接地促进社会生产的整体发展和人民物质文化生活水平提高的程度进行评价，判断政府扶持政策发生变动的可能性与程度，分析产业可能面临的政策性风险的大小。

（五）技术风险

技术风险，是行业科学技术由于实际结果和预期发生背离，从而给投资者带来损失的可能性。

对于行业来说，科学技术成果的应用，由于存在着和预期发生背离的可能性，具有技术风险。生产阶段的科技成果，由于技术比较成熟，技术风险较小；处于试验阶段的科技成果，技术风险高，资金风险相对较大。对于不同的行业，应用科技成果的技术风险不相同。随着高新技术的发展，各种新技术不断被应用于各行业，在科技成果的转化中，由于有许多不确定性，并不是总能带来丰厚的经济回报，因而使得应用科技成果的行业具有很大的风险。

新技术在诞生之初都不完善，对于在现有技术和知识条件下能否使用科技成果实现规模化生产，具有很大的不确定性。即使一项新技术是成功的，在生产过程中是可行的，但事先也难以确定其效果。高新技术产品的发展迅速，寿命周期也比较短，极易被新技术替代。由于被替代的时间难以确定，当新技术比预期提前来临时，原有的技术将提前淘汰。科技成果、人才、信息等作为技术的构成要素，受到外界环境的影响，具有一定的流失性。技术要素的流失不仅是技术的损失，一旦被行业竞争对手所掌握，将对自己的生存与发展构成巨大威胁，科技成果应用于企业生产与经营，能否成功与企业自身的实力相关。应用科技成果进行产品生产，需要进行试生产和生产活动，企业设备、原材料是否可行、社会经济效益如何、生产的安全性程度、生产的组织管理以及生产员工素质等与生产、社会的相容性存在着不确定性，有可能导致科技成果无法应用，科技成果的收益无法实现。对于任何行业来说，将科技成果应用生产，都存在着新技术市场引起的市场风险。也就是说，新技术产品的市场接受能力、市场接受的时间，以及新产品扩散的速度、市场竞争能力等问题，对于任何行业来说，都是难以确定的问题。

（六）突发事件风险

突发事件风险是由于一些特别事件的发生，对行业产生巨大的影响所形成的风险。突发事件如自然灾害、突发的政治事件等，虽然具有偶然性，但是，一旦发生会在很短的时间带来巨大的影响，导致这些行业的投资活动发生损失。例如，海湾战争期间，由于石油价格暴涨而给用油行业带来强烈的冲击，比较突出的是航空行业，燃油价格使运营成本大幅度提高，许多航空公司都发生经营困难。

第四节 金融投资的规则风险

金融投资的规则风险，是由于违反国家法律法规以及金融监管等，使投资者投资收益不确定而带来的风险。例如，金融机构的高息存款、高利放款、倒买倒卖外汇等活动所引发的风险。

一般来说，成熟的金融市场由于运行时间比较长，管理者能够根据市场变化不断修改市场法规，规则风险发生的概率较小；在新兴金融市场中，由于管理者缺乏对市场进行管理的经验、金融交易的内外部条件不成熟等原因，市场监管和相应的法律法规也不健全，有较大的规则风险。规则风险是一种复合风险，一般由法律风险、监管风险、调控风险所构成。

一、法律风险

法律风险（legal risk），是金融机构在金融活动中，没有适当地履行法律和条规职责，或者没有正确实施法律条款等因法律方面的问题而导致的风险。

（一）法规相对滞后的风险

商业银行在不增加银行资产负债的情况下办理中间业务，决定了中间业务收入不易监控。

商业银行拥有为数众多的营业网点，中间业务往往涉及多个部门，内部控制制度难免疏漏，加之中间业务办理过程透明度低、上级机构无法作出有效的监督管理，可能出现部分基础机构中间业务收入游离于大账之外，擅自截留收入，产生财务法律风险。

（二）业务界定不清的风险

机构为了获得盈利最大化，通过一些非法交易活动来牟取暴利，特别是金融衍生产品的虚拟性，使得金融衍生产品的交易非常复杂，相关的法律法规难以准确地确定，金融衍生产品就成为投机工具，交易活动难以控制，各种牟取暴利的非法交易活动就会频繁发生。在我国，衍生金融产品和场外市场发育程度很低，商业银行理财对象狭窄，商业银行如果不能准确界定理财产品的性质，有可能使理财业务与信托业务、储蓄存款业务的界限模糊不清，一旦出现法律纠纷，就会面临诉讼威胁，还会受到监管部门的处罚。

（三）机构违反法规的风险

法律风险往往与信用风险相联系。交易一方不履行义务将给交易对方带来损失，当股东对遭受损失的公司进行诉讼时，由于没有正确实施法律条款引发法律风险。

二、监管风险

监管风险，是在金融市场的开放过程中，由于金融监管水平落后或金融监管的无效而给金融投资者带来的风险。

（一）金融监管滞后的风险

由于金融立法不完善，存在监管真空；或者由于金融监管组织结构不健全，尚未建立起监管机构相互协调的监管体系；特别是在金融监管手段上，过多采用行政性手段，无法对金融市场进行有效监管，这些增加金融市场风险。例如，我国金融监管手段、监管水平不能适应资本市场的要求，一些重要法律未出台，没有充分发挥行业自律组织的监督作用，增大了金融投资的风险。由于监管法规修改和监管措施更新是一个较长的过程，因而，在金融创新不断发展、金融监管相对落后的情况下，金融创新使得监管部门对各种金融投资活动的合法与非法、故意与非故意、善意与恶意、合规与违规、投资与投机等界限很难早定。如果放松监管，必将增大市场的过度投机，使得少数人操纵市场，造成市场价格的暴涨暴跌，使投资者承受的风险增大。

（二）金融创新的风险

金融创新使得监管机构面临新的监管对象，难以有效及时地进行监管；同时，由于金融工具创新使得表外业务大量增加，单纯的资产负债表难以反映金融机构的真实情况，加大了金融监管当局对金融机构进行有效监管的难度。此外，先进技术的广泛运用，金融交易技术的创新也加大了金融监管的难度。

20世纪80年代之后，金融创新不断发展，新的金融交易产品、衍生金融工具不断被运用，不仅提供了外汇保值和减少股票市场投资风险等重要功能，也加剧了金融市场内在的不稳定性，对金融监管理念、监管措施、监管手段、法律法规也提出了更新的要求，增加了金融监管的难度。金融衍生产品的发展，使单个投资者有更多的方法转移或规避风险，同时加剧了整个金融市场的投机性。从商品交换到货币流通，从货币流通到证券交易，从证券交易到衍生产品的买卖，是一个不断对前者异化的过程。从货币形式的间接融通到债券、股票形式的直接融通，再到债券期货、债券期权、股票期货、股票期权，衍生产品产生，投机者可以利用金融杠杆进行大规模投机，金融市场的波动性增大。20世纪90年代许多国家发生的金融危机，都是投机者在衍生金融市场上投机促成的。

（三）国际监管的风险

金融市场的开放，不仅使外国金融机构和投资者进入本国市场，而且推动了本国金融机构走向国际市场，促进了本国金融业的自由化和国际化发展，对国际监管提出了新的要求。但是，国际金融监管十分困难，一方面，金融监管当局无法有效地监管外国金融机构在母国的业务；另一方面，金融监管当局无法对本国金融机构的海外业务进行及时监管。这种监管的真空与监管的无效性强化了金融机构开展风险业务的倾向，增大了金融机构乃至金融体系的风险，也使进入金融市场投资者的投资风险增大。

一个国家金融监管体制与一定时期的社会、政治、经济与金融业发展状况相联系，并随着经济金融的发展而不断改变，综观世界各国金融监管体制的发展，都发生了不同程度的变革。

20世纪90年代的重大金融事件，表明一些国家金融当局和金融管理层缺乏及时掌握金融市场和金融机构动向的有效制度安排，缺乏对有关从业人员行为的有效约束，存在监管不力和金融机构内部管理不严的问题。在金融自由化持续不断发展、各种类型的机构投资者快速成长的状况下，机构投资者在金融市场以及整个全球金融市场中，逐渐发挥着日益显著的主导作用，加快各国之间的国际金融合作、确立统一的监管规则和行为准则、深化各国在金融监管领域中的协调，成为金融全球化的重要内容，也成为保障金融顺利运行的重要前提。因此，许多国家通过国际货币基金组织和国际清算银行等国际金融机构，基于统一监管规则和金融行为准则达成了共识。但是，一体化的标准监管框架仅仅是一种趋势，其本身还受到一系列因素的制约，也可能在金融机构的国际管辖权归属以及国家监管权的让渡方面引发新的冲突。如果一国政府采用这样的一体化监管框架时缺乏可行性和适时的惩罚机制，国际一体化监管可能是无效的，国际监管对国家监管构成一定的制约，有可能由于国际监管一体化的困难导致国家监管的松懈，增大国内、国际金融投资的风险。

三、调控风险

调控风险，是国家利用行政手段或经济手段对金融市场进行干预，使得市场投资风险增加的可能性。一个国家的货币政策、财税政策、产业政策、地区发展政策等，会在不同时期根据情况的差异而有所不同，特别是对有关证券市场法律、法规发生变化，有可能引起证券市场价格波动，使投资者存在亏损的可能。

各国金融当局在金融市场波动的情况下，会加大对金融市场的调节与控制。但是，金融当局对金融市场的调控存在"干预度"与"能力度"的问题，调控手段不当、调控过度会影响投资活动，对金融市场产生一定的影响；调控力度不足、干预能力有限，有可能难以抑制过度投机，使投资者遭受损失。金融市场的稳定发展是经济健康发展的前提，各国金融监管当局非常注重金融市场的稳定，利用经济手段或行政手段对金融市场进行调节。但是，金融监管当局对金融市场的调控存在一个调控能力和调控程度的问题，政府过度调控在一定程度上会抑制投资交易行为与资金流动，并有可能使证券价格下跌。如果金融监管当局对于过热的市场不能进行及时控制，或者调控手段不适当，不仅不能维持市场秩序和稳定，还会由于投机过度和操纵而发生市场价格的暴涨暴跌。

第五节 金融投资的国际风险

金融投资的国际风险,是在经济金融一体化的发展过程中,各国政治、经济、金融政策的变化,以及国际经济、金融的不确定性使跨国金融投资活动存在损失的可能性。金融投资国际风险包括两部分：一是国际联动的国内金融投资风险；二是各种跨国性金融投资风险。一般由国际性风险、国家风险、资本流动风险、跨国投资风险所构成。

一、国际性风险

国际性风险,是通过国际联动效应导致的动荡和造成的金融风险。由于这种风险来自其他国国际传播,因而称之为国际性风险。

（一）溢出效应风险

在资本市场开放条件下,国内外资本市场的关联程度增加,扩大了国际市场动荡对本国市场的影响。在国际资本市场出现大幅波动时,会通过投资行为的改变将这种波动传送到本国市场。特别是外国投资者对本国市场参与比较活跃的情况下,会引起外国市场波动性向本国市场的溢出。1997年的东南亚金融危机证明了市场风险具有溢出效应,能够引起关联国家市场风险的增大。

（二）市场波动风险

市场波动风险,是由于外国投资者进入或退出造成或加剧本国资本市场的波动,增大投资者遭受损失的可能性。如果本国市场规模不大,外资流入或流出将明显影响本国资本市场的走势,加剧市场波动,在许多国家,共同基金是外国投资者进行投资的重要方式,这些基金往往拥有巨额资金量,逐利本性决定了其流动性,必然会给证券价格造成巨大冲击,增加市场的不稳定风险。

（三）资本流动风险

在资本市场开放的国家,国内外资产价格存在明显差异的情况下,大规模资本流动将不可避免,有可能干扰本国金融市场,20世纪90年代,由于发达国家经济衰退,投资回报率下降,大量国际资本涌向了亚洲和拉美新兴市场,在推动经济增长的同时,也产生了通货膨胀、实际汇率升值、经常账户恶化等一系列危及宏观金融稳定的消极后果,有些国家还出现了资本外逃,酿成了金融危机。因此，金融技术、金融创新以及各类金融衍生工具普及，加快了资本流动的速度，加快了金融风险传递的速度。从国际金融发展看，国际资本流动与金融风险的内在联系非常密切

二、国家风险

国家风险，是在国际经济金融活动中，由于一些国家政治、经济等重大变化，使金融投资活动主体遭受损失的可能性。国家风险是由于国家政府行为而导致损失的一种可能性，具有两个显著特点：①国家风险发生在国际经济金融投资活动中；②在跨国金融活动中，经济实体都可能遭受损失。国家风险根据性质可以分为两大类：政治风险和经济风险。

（一）政治风险

政治风险，是由于一个国家内部政治环境不确定变化而使其他国家经济受到损失的可能性。稳定的政治环境是经济发展的基本保证，如果国家政治动乱、对外政治关系发生危机等，会在证券市场上产生较大的反响。政治领域中的不确定因素对证券投资产生的冲击，不仅影响国内证券市场稳定，对于海外金融投资也会产生一定的影响。对于海外投资来说，当地政治环境安定与否至关重要，一旦所在国家发生政治动乱，不仅投资会受到损失，而且，在发行的股票价格也会受到影响。

（二）经济风险

经济风险，是由于一国的国民收入水平、经济发展状况、通货膨胀、外汇储备、各种外汇资产的流动性和清偿能力等各种经济因素的不确定变化，而使其他国家从事国际金融投资的经济主体受到损失的可能性。

在国际投资活动中，由于东道国经济剧烈变动以及政策的变化，对于从事跨国投资的跨国公司以及从事国际金融投资活动的投资者，都会造成损失的可能性。在东道国经济不景气、金融紧缩的情况下，对于跨国公司来说受到的限制增多，投资生产和营销的恶化有可能不能正常进行，生产和市场营销风险增大，如果采取的措施不及时，很可能出现经营风险。20世纪80年代，巴西、阿根廷、墨西哥等新兴工业国家相继发生了金融危机，给跨国公司带来了巨大的金融风险和经营风险。

三、资本流动风险

随着经济全球化趋势的发展，国际资本利用一国经济结构、经济政策或

金融制度上的缺陷，通过"杠杆效应"和"羊群效应"冲击货币市场和证券市场，引起该国汇率和股票价格大幅度的下跌，使金融投资活动风险加大。

20世纪80年代之前，国际金融市场和金融中心都集中在发达国家，证券业务是发达国家的投融资，使得发达国家金融体系内部或之间的金融风险主要在发达国家内。20世纪80年代中期后，跨国投资迅猛发展，金融自由化浪潮使发展中国家逐步建立了金融市场，科技革命成果的推广运用从技术上消除了金融市场之间的距离，国际金融业务向新兴市场国家转移。但是，由于这些国家经济金融监管比较薄弱，在追求高增长和出口导向型发展的过程中，出现了金融结构的扭曲和经济泡沫。在无法依靠国内储蓄实现稳定增长的情况下，大量借用外债使短期投机性资本大量流入，为国际投机资本的冲击提供了方便。由于发展中国家经济结构性的矛盾，金融制度不完善，成了国际巨额游资的冲击对象，国际投机性资本特别是短期资本的大量流入，冲击发展中国家的证券市场，进一步加深了对发达国家的依赖，在国际金融体系存在结构性缺陷的前提下，发展中国家将始终面临着金融安全的挑战。

四、跨国投资风险

跨国投资从资金筹集运作、组织布局、生产经营再到产品的全球的营销，经历了各种各样的风险。由于资金的筹集大多借助国际金融市场，跨国公司面临着汇率风险、利率风险；在全球投资经营中，由于组织设计、组织运作以及组织决策存在着很多不确定性，跨国投资者面临着组织风险；在生产运营和产品全球营销过程中，由于管理的复杂性和营销市场的波动性，跨国公司面临着经营风险。因此，跨国公司的国际投资风险不仅对有关联的国内公司以及证券有一定影响，而且，对所在国家的关联公司、行业也存在一定的影响。国际汇率、国际利率的不确定性，国际金融市场区域差异造成资金异常流动，国际资金在金融市场上无序流动导致国际金融资产价格的异常变动，使跨国公司在投资经营过程中，承受汇率变动、利率变动以及国际信用变化等国际金融风险。在东道国经济金融不景气的情况下，生产有可能因资金短缺不能正常进行，经营风险增大。如果预防不当、措施不及时，很可能造成金融风险和经营风险的同时爆发。

第五章 风险投资的收益和风险分析

第一节 风险的界定及其基本特征

一、何谓风险

从事风险投资的人，应该首先弄清风险的含义。只有控制好了风险，收益才能在最大可能性上得到保障。

风险的含义可以从多种角度来考察。第一，风险同人们有目的的活动有关。人们从事活动，总是预期一定的结果，如果对预期的结果没有十分的把握，人们就会认为该活动有风险。第二，风险同将来的活动和事件有关。已经结束了的活动或项目，既成事实，后果已无法改变。对于将来的投资，总是有多种行动方案可供人们选择，但是没有哪一个行动方案可确保达到预期的结果。那么，应该采取何种方案才能不受或少受损失，并取得预期的结果呢？这就是说，风险同投资方案的选择有关。第三，如果投资的后果不理想，甚至失败，人们总是要想：能否改变以往的和行为方式或路线，把以后的投资做好！另外，当客观环境，或者人们的思想、方针或行动路线发生变化时，投资的结果也会发生变化。这样，风险还与上述变化有关。若世界永恒不变，人们就不会有风险这一概念了。

综上所述，我们可以得出这样的定义：风险是投资活动所获得消极的、人们不希望的后果的潜在可能性。该定义需要注意，损失或收益大小及其发生的可能性大小都应该能够测量。下面再介绍其他几种对风险的看法，以便加深对风险的理解。

（一）风险是一种不确定性

这种观点认为，风险既是机会又是威胁。所谓威胁，指可能给投资主体带来不利后果的各种各样的力量。人们从事经济社会活动既有可能获得预期的利益，也有可能蒙受意料不到的损失或损害。正是风险蕴含的机会引诱人们从事包括项目在内的各种活动，而风险蕴含的威胁，则唤起人们的警觉，设法回避、减轻、转移或分散。人们对于风险这种二重性的态度因人、因时、因地和因环境而异。这种观点符合客观实际，符合辩证唯物主义认识论。机会和威胁是投资活动的一对孪生子，是风险投资家必须正确处理的一对矛盾。承认投资项目有风险，就是承认项目既蕴含机会又蕴含着风险。

（二）风险是损失或损害

说风险是损失或损害，一方面是因为人们从事投资活动的确有可能蒙受损失或损害，告诫人们提高警惕。另一方面，这种观点强调人类活动的不利后果，关心的重点是如何处理不利后果，因此，保险业人士多采纳风险的这种含义。这也是风险防范为什么把保险作为一个策略。

（三）风险是预期和后果之间的差异

持有这种观点的人认为，投资的后果同人们的期待预想之间总是存在着不一致和偏离。后果偏离预期越大，风险也就越大。

按此观点，风险可定义如下：风险是实际后果偏离预期有利结果的可能性。

二、风险的基本特征

风险是客观存在的，因而是无法回避及消除的。人们通常所说的回避风险、消除风险有两重含义：一是指改变或消除所从事的投资活动，既然投资活动对象改变了，风险也就自然不同了；二是指将风险所造成的经济损失通过种种经济的、技术的手段转移和扩散。

风险是相对的、变化的。相对于不同的投资活动主体，风险就不相同。随着时间、空间的改变，风险也会发生变化。对于投资活动风险，人们的承受能力主要受以下几个因素影响：

1. 收益的大小

收益总是有损失的可能性相伴随。损失的可能性和数额越大，人们希望为弥补损失而得到的收益也越大。

反过来，收益越大，人们也愿意承担越大的风险。

2. 投入的大小

项目投资活动投入越多，人们对成功所抱的希望也越大，愿意接受的风险也就越小。一般人希望投资获得成功的概率随着投入的增加呈 S 曲线规律增加：当投入少时，人们可以接受较大的风险，即获得成功的概率不高也能接受；当投入逐渐增加时，人们就开始变得谨慎起来，希望投资获得成功的概率提高了。

3. 投资活动主体的地位和拥有的资源

管理人员中级别高的同级别低的相比，能够承担更大的风险。同一风险，不同的个人或组织承受能力也不同。个人或组织拥有的资源越多，其风险承受能力也越大。这也说明，进行风险投资时，政府支撑还是必不可少的。

风险是可测量的，即可通过定性或定量的方法对风险进行估计。

风险的可变性。

任何事情和矛盾可以在一定条件下向自己的反面转化。当这些条件发生变化时，必然会引起风险的变化。风险的可变性包括以下几个方面：

（1）风险性质的变化。举个例子，十几年前，熟悉项目进度管理软件的人不多，出了问题，常常使人手足无措，那个时候使用计算机管理进度风险很大。而现在，熟悉的人多了起来，使用计算机管理进度不再是大的风险。

（2）风险后果的变化。风险后果包括后果发生的频率、收益或损失大小。随着科学技术的发展和生产力水平的提高，人们认识和抵御风险的能力也逐渐增强，能够在一定程度上降低风险发生的频率并减少损失或损害。

（3）出现新风险。随着投资活动的展开，会有新的风险出现，特别是投资活动主体为回避某些风险而采取行动时，另外的风险就会出现。

第二节 风险分析

高新技术企业风险是指企业对外部环境因素估计不足或无法适应，或对技术创新过程难以有效控制而造成技术创新活动失败或风险企业经营活动失败的可能性。高新技术产业化过程中与风险相关的因素主要有技术、管理、市场、资金、信息、政策等其他方面，下面我们逐一进行剖析。

一、技术风险

1. 创新技术能否成功不确定

一项技术能否按预期的目标实现其应达到的功能，在研制之前和研制过程中难以确定，因技术上失败而使创新终止的例子屡见不鲜。

2. 技术前景不确定

新技术在诞生之初都是不完善的，对于在现有技术知识条件下能否很快使其完善起来，开发者和进行技术创新的企业家都不敢确定，因此，创新企业往往面临着很大的风险。

3. 产品生产的不确定性

产品开发出来后，如果由于配套材料和生产工艺的限制而不能成功地生产出产品并推向市场，创新活动还是会归于失败。

4. 技术进步的不确定性

由于高新技术进步迅速，使创新产品极易被更新的技术产品替代；如果更新的技术比预期提前出现，原有技术将蒙受提前被替代甚至被淘汰的风险。

二、管理风险

管理风险是指高新技术企业在创新过程中因管理不善而导致创新失败所带来的风险。主要包括：

1. 观念保守

许多高新技术企业的领头人技术上很强，管理上很弱；但他们尚未认识到专业化分工的优势，认识不到现代企业制度的优越性，常常只把眼光局限于产品项目创新，而忽视管理创新、工艺创新，造成企业创新战略单一，加大创新风险。

（2）决策失误

由于高新技术具有投资大，产品更新换代快的特征，使得对于高新技术项目的决策尤为重要，决策一旦发生失误，后果不堪设想。

3. 企业内部组织结构不合理

高新技术具有收益大、见效快的特点，成长速度超乎寻常，往往产生企业规模高速膨胀与组织结构相对落后的矛盾，最终导致企业经营失败。

三、市场风险

市场风险是指市场主体从事经济活动所面临的亏损的可能性和盈利的不确定性。主要表现在：

1. 市场接受能力的不确定性

高新技术产品在推出后，顾客往往持怀疑态度甚至作出错误的判断，从而对市场能否接受及能接受多少难以作出准确估计。

2. 市场接受时间的不确定性

高新技术产品的推出时间与诱导出有效需求的时间存在时滞，如这一时滞过长将导致企业开发新产品的资金难以收回。

3. 竞争激烈程度的不确定性

如果市场竞争过于激烈，形成供过于求的局面，预期利润则很难达到。

四、资金风险

资金风险主要是指因资金不能适时供应而导致创新失败的可能性。当高新技术企业发展到一定规模,对资金的需求迅速增加;同时,由于高技术产品寿命周期短,市场变化快,获得资金支持的渠道少,从而出现在某一关键阶段不能及时获得资金而失去时机,被潜在的竞争对手超过或经营失败的风险。

另外,由于通货膨胀、财政金融政策等引起利率水平变化所引起的风险投资公司的机会成本上升也应算作资金风险的另一层

五、信息风险

在科技成果转化的项目选择、方向决策过程中需要搜集大量的信息。如果由于信息不对称,造成对收益和风险判断失误,就会导致最终的失败。

六、其他风险

企业外部的社会环境、政治条件的变化及自然灾害都会给高技术创新活动带来风险。

第三节 风险的衡量

为了防止企业经营的失败;风险管理的首要任务是如何确定这个企业经营风险的大小。在风险管理工作中,确定风险大小的任务一般分为两方面:一是对企业风险因素进行综合评价,二是在分析方法基础上拟定出一个基本风险标准,以此衡量企业风险的临界值。在风险企业的风险管理历史上,人们可以利用的各种经营上、统计上、会计上以及数学上的工具,在实践和理论两方面的结合探讨中,总结出了各种各样的风险分析方法。为了论述的清晰性,我们在这里将所有这些方法划分为两类:主观风险测定法和客观风险测定法。这里的所谓主客观性不是绝对意义,上的主观和客观,而是指在有关风险测定的方法中,一种方法的有效性依赖于主观因素多一些还是依赖于客观因素多一些,主要依赖于主观因素的我们就称之为主观测定法,主要依赖于客观因素的我们就称之为客观测定法。

一、主观风险测定法

风险测定法由于主要依赖于风险测定者的主观努力和个人经验,因此主观测定法具有使用起来简便易行、能够发现风险投资企业的特殊风险、风险

测定结果保密性高的优点。但是，它也有风险测定结果因风险测定者不同而出现明显差别，风险大小的衡量标准前后不一致的缺点。这些优缺点是风险投资企业在应用处分风险测定法时必须加以注意的，对于主观风险测定方法的不足之处企业也应考虑利用其他方法加以弥补。

（一）传统的主观风险测定法

1. 直觉判断法

经验丰富的风险投资公司经理根据自己的经营经验，从一个风险投资企业的生产经营现象上就可以觉察出问题之所在以及风险程度的大小。这种方法不需要等待企业的年度账目计算结果出来，也不需要具体的资产负债数据，而只需要对实际工作环境的观察和一些微弱生产经营运转迹象的采集，加上分析者的直觉和经验，就可以测定出风险投资企业经营风险的大小。

2. 资产负债表透视法

这是由富有经验的会计师传授下来的通过观察企业的资产负债表上资金的来源和运用的情况，就能透视出风险投资企业的风险程度的方法。该方法对资产负债表的观察主要包括横断面的风险投资企业资产组合的分析和资产负债结构的分析，以及从时间纵向角度的资产负债表的不同年度间变动趋势的分析，当然这些分析的参照系数完全是会计师过去的观察和经验。例如，如果资产负债表反映出的情况与过去某个破产企业破产前的症状相似，那么该方法就可以断定该风险投资企业处于高风险状态了。

3. 企业股市跟踪法

这一方法假定风险投资企业的经营成败状况和风险大小反映在企业发行的股票价格的变化上，于是就按照企业股市的涨跌判断企业风险的大小。对于该方法持赞同意见的学者认为，根据历史的经验，一般风险投资企业的经营是在前五年左右其股票价格就开始下跌了，因而只需要把握这一点就可以测定企业风险的变动。但是持反对意见的人认为，这一规律的例外事件太多，以致该规律难以成立。股市的变化不仅取决于该相关企业自身的经营状况，还取决于经济社会中众多的其他因素，因而股市跟踪法不可靠。

4. 事件推测法

这一方法是指利用风险投资企业中更为具体的内部和外部环境的信息，对于当前影响企业的较重要事件作出一定时期内（如一年）发展上的推测，并且在此基础上确定企业风险的大小。事件推测法所依据的信息可以是多种多样的，主要是与风险投资企业相关的都可以作为推测依据。推测的重要事件主要包括风险投资企业的增长情况、市场份额、利润率变化等等。推测的结果通常分为乐观性推测和悲观性推测，它们可以分别代表风险投资企业所处的风险地带的上限和下限。

（二）现代的主观风险判定方法

现代的主观风险判定方法致力于将传统主观方法涉及的因素综合在一起，并且设法将传统主观方法的定性分析特征转向定量分析上，由此而将主观分析扩展到能够同时完成综合评价风险因素与测量风险临界值的双重任务。现代主观分析方法与传统主观分析方法在原则上完全一致，只是在一些技术处理问题上彼此有差异，因此我们在此重点介绍最具有代表性的所谓"A计分"方法。

"A计分"方法首先试图将与风险投资企业的风险有关系的各种现象和标志性因素找出，然后依据它们对风险经营失败的影响大小进行赋值，最后将这个企业的所得数值或记分加总起来，就可以知道该企业的确切风险程度。"A计分"方法对于风险因素的处理十分关键，这些因素被分为三类：一类是企业经营缺点，一类是企业在经营上犯的错误，再有一类是企业破产征兆。很明显，"A计分"方法在这里的思路是，企业的经营失败并不是一下子突然发生的，而是有一个逐步滑坡的过程。在这个过程中企业首先发生一些经营上的缺点和不足，这时虽然离失败还很远，但如果不能加以克服，这些缺点就会导致经营上的错误产生，如果错误还得不到修正，企业就会出现明显的破产前征兆，而这时企业假如还不能悬崖勒马，则下一步必然是企业的破产。这一思路不仅给人们分析和判定风险投资企业的风险提供了很好的基础，而且也为以后考虑如何治理风险指出了一条道路。"A计分"方法列出的三类风险因素及其赋值方式，见表5-1。对于各类风险因素，"A计分"方法的计分值是不一样的，数值越大的风险因素给企业带来的风险越大，反之则带来的风险越小。从经营缺点、经营错误和破产征兆这三类因素的分值来看，占分值比重最大的是经营错误（45），而且经营错误包括的风险因素有三项，因此可以看出这三个经营错误是一个风险投资企业卷入失败风险的关键。

其次重要的，是经营缺点中的后面几项风险因素，这些因素的分值从3到15不等，它们是风险投资企业造成经营错误的主要原因。此外，破产征兆对风险投资企业当然是致命的，但是当破产征兆出现时，风险投资企业的经营失败可以说是大势已去，除非经营者有回天之力，否则最终结果只有破产。因此，对于风险预测和设法避免风险而言，风险企业的经营者应对经营错误和经营缺点给予足够的重视，而不要坐等破产征兆出现再来挽救。

"A 计分"方法中的 17 个风险因素的基本含义如下：

(1)"管理活动不深入"，指管理主要停留在作决策、发命令、提号召等表面活动上，而没有考虑如何落实决策，如何调动企业的各方面力量执行决策；

(2)"被动的经理班子"，指整个风险投资企业领导层在管理风格上消极被动，不是主动的创造各种有利和发展的机会，而是总想等待着机会送上门；

(3)"财务经理不够强"是指，财务经理或者在业务上不能透彻掌握风险投资企业的真实财务力量，把握不住风险投资企业究竟能承担多大风险，或者在领导地位上不能成为总经理做决策时的制衡力量，不能以有力的概念说服总经理不要从事太大风险的业务活动；

表 5-1 风险因素及其风险值

	风险因素	积分值		
经营缺点	管理活动不深入	1	43	10
	被动的经理班子	2		
	财务经理不够强	2		
	管理技能不全面	2		
	无成本监督系统	3		
	无过程预算控制	3		
	无现金开支计划	3		
	董事长兼任总经理	4		
	总经理独断专行	8		
	应变能力太低	15		
经营错误	资本过头生意	15	45	15
	过大风险项目	15		
	高杠杆负债经营	15		
破产征兆	管理停顿	1	12	0
	经营秩序混乱	3		
	被迫编造假账	4		
	危急财务信号	4		
分值总加			100	25

(4)"管理技能不全面"，是指在风险投资企业领导班子中，缺乏某些管理企业必需的人才，因而没有形成一个技能全面的管理人员队伍；

(5)"无成本监督系统"，指风险投资企业生产成本的结构及来源的动态分布监督体系没有建立，故而风险投资企业对成本的形成和成本的贡献是不清楚的；

(6)"无过程预算控制"，是指风险投资企业缺乏动态的收支预算监督，企业每一步活动的结果以及下一步活动的内容没能反映到一个完整的不断更新的企业预算表上；

（7）"无现金开支计划"，是指风险投资企业的现金支出是随机的和随意的，这种没有事先安排的现金开支会造成现金管理的混乱；

（8）"董事长兼任总经理"，在现代企业制度中是一种不规范的做法，它使总经理缺乏董事长的必要监督；

（9）"总经理独断专行"，比以上缺点更进了一步，即总经理不但没有来自上面的监督，而且在企业中不听信其他各类人员的任何劝告和建议，一切事务均按照个人的意志去作；

（10）"应变能力太低"则是风险投资企业在总体上不能适应周围的市场环境，面对市场状况的各种变化，风险投资企业不能作出相应的调整和改革，而总是落在形势的后面；

（11）"资本过头生意"，是指风险投资企业的自有资金和支撑自己所构成的资本难以支持企业与其他公司签订的大规模生意合同和销售合同，因而，过头生意中的合同很可能兑现不了，风险投资企业就会面临违约而遭其他企业指控和起诉的危险；

（12）"过大风险项目"，是指风险投资企业一次性转入或实施太大的生产和经营项目，这个项目不仅超过了企业的资金和生产等方面的实力，而且如果该项目不成功，企业将会面临破产的结局；

（13）"高杠杆负债经营"，是指风险投资企业资金中的债务资金下自有资金的比率，杠杆是否适度的标准是指企业的盈利率高低及其稳定性，因而过高杠杆意味着风险投资企业对外部债务的按期归还还没有把握和保证，这意味着被清算的危险，所以高杠杆负债经营是一种冒险经营；

（14）"管理停顿"则是危机前的最后一步，即风险投资企业中的任何事都无人管、无人负责，生产可能处于瘫痪或半瘫痪状态；

（15）"经营秩序混乱"，是指风险投资企业往常的经营秩序已经被打乱，正常信息渠道发生阻塞，例如企业工资发不出，向企业上级部门的请示被搁置，不合格产品和服务比例猛增，市场抱怨增加，总经理病假，各种不利于企业的传闻蔓延；

（16）"被迫编造假账"，即风险投资企业为了保持市场声誉、股价稳定和贷款信用等原因，不得不隐瞒企业经营不善、亏损、资产损失等事实，而企业又必须向审计机构、股民等方面公布自己的账目，于是，编造假账的情况就有可能发生；

（17）"危机财务信号"，是指风险投资企业的各级账目出现各种危险信息，如亏损赤字、倒账、债务到期偿付困难、流动资金瓶颈等等。

"A 计分"在打分时,打分者对有关项目的情况要完全熟悉,要有充分的信心,有些情况最好能列举企业中发生的具体例子。分值分为两种情况:记满分或给 0 分,不能给折扣分。例如,评分者若能肯定风险投资企业的管理活动不深入,那么就给 1 分,如果不肯定就给 0 分;而不能怀疑不深入而给 0.5 分。企业的总临界分是 25 分,如果风险投资企业所得分数在 25 分之上,则表示该企业已经处于高风险区以内,或者已处于经营失败的滑坡上,这时企业必须采取相应的措施来解决自己的风险问题了。这时应采取何种措施,可以进一步查找各分项的得分,即经营缺点、经营错误或破产征兆上的得分情况。哪项分值超过过关分值的程度高,哪项就是解决问题的重点。另外,如果风险投资企业所得总分在 25 分以下,则表明企业处于正常风险区,企业可以对自己的风险问题不急于做任何事情。不过,按照"A 计分"方法论的观点,企业处于高枕无忧的风险安全区则应该是离 25 分较远的 0~18 分的区间内。所以 18~25 分之间的区域不妨称之为"警戒区"。

据以上述介绍所显示的,"A 计分"的方法显然把风险分析者和评价和风险评定结论具体化为分值,给予定量化的显示。但是,这一方法仍属于主观风险测定法,这些特定结果仍然主要依据于评价者的个人判断。因此,同任何主观考核方法一样,即使是现代的主观风险测定方法也具有这样三个缺点:(1)不同评判者对同一企业的风险测定结果不一样;(2)评判者的评判边界模糊;(3)不同的评判者或者分析者对各风险因素的计分或赋值标准的观点可能不一致。这样主观风险测定法就需要客观的科学的方法来弥补其缺点,这一需要就导致了客观风险测定法的产生。

二、客观风险测定法

所谓客观风险测定法就是以反映企业经营活动的实际数据为分析基础的风险测定法。客观风险测定法按照企业发展的成熟程度和发展时期的不同,也可区分为传统的客观风险测定法和现代的客观风险测定法。

1. 传统客观风险测定法

传统客观风险测定法又可称为财务比率分析法,因为该方法所依赖的所有数据都来自风险企业的财务账目,而该方法利用的分析比率也是财务报表中常用的比率。承担风险分析法所利用的这些财务比率主要包括酸性试验比率、流动比率、资本结构比率、存货周转率、收入结构比率、债务比率、资本回报率、利润边际率、资产周转率等 9 个,下面分别介绍他们的公式和含义。

(1) 资本结构比率 = 外借资金 / 自有资金

风险投资企业所拥有的资金分为外借资金和自有资金两种,他们共同构成风险投资企业的资产负债表右边项目。但是,由于二者的实际归还(或补偿)时期性和方式不一样,所以二者的比例也能够测量风险投资企业的风险程度。对于资本结构比率的临界值,各国有不同的独立管理和规定,如以英国为代表的一些国家规定为 1,而日本等国家则规定在 1—2 之间。这样当资本结构比率大于临界值 1(或其他数值)则表示企业风险过大,而小于临界值则表示企业的资本结构风险方面处于安全区。

(2)流动比率 = 流动资产 / 流动负债

流动比率近似于酸性试验比率,但没有酸性试验比率那么严格。因为流动资产中除了包括速动资产,还包括存货在内各种预计在一年内可以兑现的资产。流动比率的临界值也是 1,如果流动比率处于 1 以下,则表明企业的风险性要大于酸性试验比率的同样数值所显示的风险性。

(3)存货周转率 = 销售额 / 存货值

这里的存货是广义概念的存货,即不仅包括仓库库存形式的存货,而且还包括准备加工的原材料和在制品等,总的存货值按年度平均值计算。销售额即企业的年度销售总金额。这样,存货周转率计算的结果就是一个风险投资企业在一年内存货的周转次数。存货周转率没有绝对的标准,但每一个行业和经营类型应有统一的风险值。一般来说,只要不达到"过头生意"的程度,存货周转率是越大越好。

(4)资本回报率 = 税息前利润 / 所用资本

税息前利润是企业在一个生产时期结束后所得到的利润,它已经扣除了企业成本和流转税,但还没有支付所得税和当期必须偿还的利息。所用资本指的是企业在一年内所用资本的平均值,整个比率实际上是作为企业经营业绩主要指标的资本利润率。不过,作为风险指标的资本回报率必须考虑当前的通货膨胀情况,因为只有扣除物价上涨率之后的利润上涨才能反映企业的真实业绩。这样,扣除物价因素后的资本回报率必须在正值以上,0 值或负值的比率就意味着风险投资企业处于高风险区了。

(5)收入结构比率 = 税息前利润 / 利息

这里的分子与公式 4 一样,分母就是指当期应偿还的利息。收入结构比率的风险安全值应该大于 1,如果等于 1 或小于 1 则风险投资企业的收入除了偿还利息以外等于零或者还有欠债,即处于危险之中。

(6)资产周转率 = 销售额 / 所用资本

该比率中分子分母的定义与前面相同,该指标与公式 4 的存货周转率指标在性质上相同,其临界值因风险投资企业所在的行业或经营类型而异,所以考察该比率所包含的风险含义,就必须找到有关行业的一般风险临界值,而安全区肯定在临界值以上，越大越好。

（7）酸性试验比率＝速动资产/流动负债

速动资产即风险投资企业所拥有的能够迅速变现的资产，如能够即时出售的各种证券、可随时收回的欠债和现金等。流动负债则是风险投资企业需在短期内以现金形式归还的欠债，包括快到期贷款、税金、各种备付金、红利、银行透支款等。显然，该比率的原理着眼于解决企业眼前的风险问题，其临界值为1，风险安全区在1以上。

（8）利润边际率（Profit Margin）＝利润/销售额×100%

利润边际的概念来自竞争策略中的经营结果和目标，表现为新增的价值。边际反映了企业的回报效益状况。销售额与公式4中的定义相同，反映了企业的周转效益情况。这个比率是反映企业效益风险大小的综合指标，利润边际率指标通常表现为百分比，临界值一般为10%，比值越大安全性越高，比值越小则风险性越高。

（9）债务比率＝销售额/应收债务

销售额即一定时期内企业的产品销售额，应收债务即一定时期内各方对企业的欠债，因此，该比率的高低反映企业的管理部门收回欠债的能力。显然风险投资企业收回欠债的能力强则意味着资金周转流畅，企业风险较小，否则风险就大。一般而言，债务比率的临界值为5，越大越安全。而低于5则表示企业开始进入危险区了。

以上这9个比率值，每一个只反映企业风险程度的一个方面，所以为了尽可能正确评价一个风险投资企业的综合风险大小，每一次风险测量中最好同时考察数个比率值。但是如何恰当解释各个比率值的含义，尤其是当它们彼此不完全一致时，如何得出一个统一的结论，就成为极为困难的问题，同时也使客观测量标准可能由于解释的难度变得在结论上失去客观性。于是一个综合性能评价和测定企业风险的方法便成为风险管理工作者的需要，这就导致了现代客观风险测定法的产生。

2. 现代客观风险测定法

在现代客观风险测定法中，最具代表性的是奥特曼于1986年在美国提出的"Z计分"方法。作为一种综合评价风险投资企业风险的方法，"Z计分"方法首先挑选出一组决定企业风险大小的最重要的财务和非财务的数据比率，然后根据这些比率在预先显示和预测风险经营失败方面的能力大小给予不同的加权，最后将这些加权数据进行加总，就得到一个风险投资企业的综合风险分数值，将其对比临界值就可知企业的风险危急程度。"Z计分"的计算公式如下：

$Z = 1.2 \times X1 + 1.4 \times X2 + 3.3 \times X3 + 0.6 \times X4 + 1.0 \times X5$

其中，

X1＝（流动资产－流动负债）/（固定资产＋流动资产＋投资）

　＝流动资本/总资产

X2＝累积储备金/（固定资产＋流动资产＋投资）

　＝留存收益/总资产

X3＝（销售收入－生产成本）/（固定资产＋流动资产＋投资）

　＝税息前利润/总资产

X4＝股票数量×股票价格/短期债务＋长期债务）

　＝市场价值/债务账面价值

X5＝销售量×销售价格/固定资产＋流动资产＋投资）

　＝销售收入/总资产

根据对过去经营失败的企业统计数据分析，奥特曼得出一个适用于大范围不同类型企业的经营风险临界数据值，即 Z=3.0，企业的分值高于 3.0 为较安全企业，而低于 3.0 的可判定为高风险企业。此外，奥特曼对经营失败企业的经验分析还发现，如果一个企业的分值低于 1.8，即使在企业表面上还没有破产，但在实际上已经潜在破产，从而无药可救了。以后，奥特曼从"Z 计分"运用实例中还发现，由于随着时间的间隔越长，企业发生变化的可能性越大，该方法的预测效果也因时间的长短而不一致。

一般地说，预测风险投资企业失败在一年时间内的准确率为 95%，两年时间内的准确率则为 83%，而到三年以上的准确率则仅为 48%，这样的应用设计方法测定风险投资企业的风险时就必须注意时间性，对于风险投资企业短期风险的判断，可以直接使用 Z 计分的绝对值的大小，但对于风险投资企业长期风险的判断则必须计算风险投资企业在各个年份的得分值，按照这些分值的变化趋势来断定风险投资企业长期风险的大小。

第四节　风险管理

一、风险管理的内涵

风险管理起源于 20 世纪 30 年代的美国。到了 20 世纪 50 年代，风险管理已成为一种流行的现代化管理手段，风险管理人员的作用在管理计划中占有优先的地位。关于风险管理的定义有多种说法。我们的看法是：投资项目管理者通过风险识别、风险估计和风险评价，并以此为基础合理地使用多种管理方法、技术和手段对投资活动涉及的风险实行有效的控制，采取主动行动，创造条件，尽量扩大风险投资活动的有利后果，妥善地处理风险事故造成的不利后果，以最少的成本保证安全、可靠地实现风险投资的总目标。它有以下特征：

1. 风险管理是一种综合性的管理活动。由于风险投资的风险来源、风险的形成过程、风险潜在的破坏机制、风险的影响范围以及风险的破坏力错综复杂，单一的管理技术或单一的工程、技术、财务、组织、教育和程序措施都有局限性，都不能完全奏效。所以必须综合运用多种方法、手段和措施，才能以最小的成本将各种不利后果减少到最低限度。因此，风险管理是一种综合性的管理活动，其理论和实践涉及自然科学、社会科学、工程技术、系统科学、管理科学等多门学科。

2. 风险管理的主体是投资项目管理班子，特别是投资项目经理。风险管理要求投资项目管理班子主动采取行动，而不应仅仅在风险发生之后被动应付。管理人员在认识和处理错综复杂、性质各异的多种风险时要统观全局，抓主要矛盾，创造条件，因势利导，将不利转化为有利，将威胁转化为机会。

3. 风险管理的基础是调查研究，调查和收集资料，必要时还要进行实验或试验。只有认真地研究风险投资项目本身和环境以及两者之间的关系、相互影响和相互作用，才能识别项目面临的风险。

4. 风险识别、风险估计和风险评价是风险投资项目风险管理的重要内容。但是，仅仅完成这部分工作还不能做到以最少的成本保证安全、可靠地实现项目的总目标。还必须在此基础上对风险实行有效的控制，妥善地处理风险造成的不利后果。所谓控制，就是随时监视项目的进展，注视风险的动态，一旦有新情况，马上对新出现的风险进行识别、估计和评价，并采取必要的行动。

二、风险管理的步骤

风险投资家和风险管理人员，在实施风险管理时，一般采取以下三个步骤：

1. 风险识别

在实施风险管理之前，必须充分认识各种潜在的风险因素以及发生灾害事故的可能性，对于风险企业生产和经营过程中面临的特殊风险有明确的了解，密切注意广泛采用先进技术所带来的新的风险，提高对风险客观性和预见性的认识，充分掌握风险管理的主动权。风险识别的主要内容包括：项目的技术、经济和社会价值；市场风险与竞争背景；开发环境与开发者素质；开发计划的合理性与可行性；其他可能等。风险识别的目的是减少项目的结构不确定性。风险识别首先要弄清项目的组成、各变数的性质和相互间的关系、项目与环境之间的关系等，在此基础上利用系统的、有章可循的步骤和方法查明对项目可能形成风险的诸端事项。在这过程中还要调查、了解并研究对项目以及项目所需资源形成潜在威胁的各种因素的作用范围。为了便于项目管理人员理解和掌握，风险一经识别，一般都要划分为不同的类型。

2. 风险估计

它的任务是充分搜集来自市场、金融、技术等各方面的信息，严密监测财务、技术、组织方面的发展动向，作出及时准确的判断和迅速果断的决策，不失时机地推进项目开发，或者明智地退出竞争而减少无谓损失。其主要内容包括：风险的预测，对风险正确判断及有效地实施风险防范决策等三个方面。风险估计就是估计风险的性质，估算风险事件发生的概率及其后果的大小，以减小项目计算的不确定性。风险估计必须做到：确定项目变数的数值和计量这些变数的标度；查明项目进行过程中各种事件的各种各样后果以及它们之间的因果关系；根据选定的计量尺度确定风险后果的大小。同时还要考虑那些有可能增加或减少潜在威胁演变为现实的概率的所有转化因素，如果潜在的威胁真的演变为现实，则须考虑后果的严重程度。风险估计有主观和客观的两种。我们在上一节已经详细介绍了 A 计分法和乙计分法两种风险估计方法。

3. 风险评价

风险管理成果的评价建立在前两个步骤正确实施基础之上，其内容包括：对风险的认识是否正确全面，是否有轻视风险的倾向；对于风险的预测是否恰当，是否有科学的足够的数据作为依据；提出处理风险的对策是否合理；对策的执行是否有利于企业的生产经营和科学管理等等。风险评价的作用在于总结项目开发活动和风险管理成果。评价时还要确定对风险应该采取什么样的应付措施。

在风险评价过程中，管理人员要详细研究决策者决策的各种可能后果，并将决策者做出的决策同自己单独预测的后果相比较，判断这些预测能否被决策者所接受。各种风险的可接受或危害程度互不相同，因此就产生了哪些风险应该首先或者是否需要采取措施的问题。风险评价方法有定量和定性的两种。进行风险评价时，还要提出防止、减少、转移或消除风险损失的初步办法，并将其列入风险管理阶段要进一步考虑的各种方法之中。

从以上的分析中，我们知道：风险识别回答了风险来自何方、风险事项可归于哪一类的问题；风险估计回答了该风险事项后果有多大、项目的哪一部分会遭受风险、风险发生的可能性有多大的问题；风险评价回答了哪些是可接受的风险、哪些做法会使项目遭受风险、这样的做法是否能被接受、是否有别的做法可避免该风险以及采取何种策略避免或减少风险的问题。在实践中，风险识别、风险估计和风险评价绝非互不相关，而是常常互相重叠。

三、风险管理的方法与原则

目前，经常采用的风险管理方式是使用一种流程图，风险管理者以此来预先发现各种可能出现的危险因素，从而做到"防患于未然"，如生产流程图、供给流程图、流通流程图等等。从这些图中分析"危险"潜藏在哪里，将会暴露在何处，从而根据企业的实际情况设计出最适当合理的对策，把危险减少到最低限度。

风险管理主要侧重于潜在危险因素的分析。而这种危险因素往往是错综复杂的，需要各种专业知识的风险管理者，进行深入细致的工作。因为风险的发生常常是从一家公司或企业做什么事情时起，并一直继续到停止做什么事情以后很久，因此遭受风险的复杂性是很大的，也往往是非常隐蔽和无法预测的。所以，任何管理计划的最初步骤都是由高素质的风险管理者，对公司或企业的各种活动和资产进行分析，以便找出可能因发生事故而造成损失的风险。这种分析，对于潜藏着更多危险因素的风险投资企业来说，更加重要。

根据美国的经验，科学的风险分析方法包括以下几个方面的内容：第一，在风险管理人员的认真监督和帮助下，由那些称职的工程师、科学家和安全专家们对有形资产进行检查；第二，风险管理人员对企业或公司的风险管理计划进行科学分析；第三，风险管理人员协同法律顾问，从风险的观点来检查企业或公司的有关合同、租约和保证书等；第四，风险管理人员参与制订和评估企业或公司减轻风险的预防损失的计划；第五，风险管理人员配合企业或公司的最高管理部门、会计人员、经济学家、科研人员等，一起来估计本企业或本公司将来的盈利能力。

风险企业家和风险投资家应重视企业的风险管理，在企业向前发展、向外开拓的同时，还要有足够的知识与技术来估计和衡量企业可能遭到的风险并以相应措施减少或避免风险，增强企业的生命力。风险投资企业的风险与一般企业相比更多更大，国外的风险企业一般设有专门的风险管理部门，以尽量对企业的危险因素做客观的科学的分析，使企业在发生损失之前作出最好的安排，预防事故的发生或在损失之后得到必需的补偿。企业如果缺乏或者没有完善的风险管理制度，即使个别劳动手段先进，一旦由于自然灾害或重大事故而造成了严重损失，就会使企业一蹶不振，甚至破产倒闭。所以，风险企业家和风险投资家做好风险管理工作，对于不断提高风险企业管理水平，是一个极为重要的环节。

风险投资者在投资经营活动中，除了严格和谨慎地审查投资项目外，为减少投资风险，一般还要遵循一些投资原则，如组合原则和匹配原则。这些原则的基本出发点是控制单个资本的风险程度，用多笔资本来分摊风险，化解风险。

（1）组合原则

风险投资公司在进行投资时往往将资金投向多个风险企业或风险项目。这样，如果一项投资失败还可以从另一项投资收益中得到补偿。组合原则是以投资组合的经济效益来保证资金的回收，以盈补亏，在维持收支平衡的基础上逐步发展。

（2）联合原则

对于资金需求大的风险企业，风险投资公司往往根据联合投资原则，联合其他风险投资公司共同投资。牵头风险投资公司一般持有控制股份，其他风险投资公司或个人则以股份制形式进行合作投资。组合投资是风险投资公司内部资本的组合原则，而联合投资则是多笔资本的外部组合原则。

（3）匹配原则

匹配原则实际上是政府风险投资所遵循的一个主要原则。目前，各国政府在为某家风险企业或某个风险项目提供资金时，均要求有相应的私人资本参与，一般的比例为1∶1美国"小企业创新研究计划"就优先考虑有私人后续资金的风险项目。据统计，这项计划投资与私人资金匹配的比例为1∶5，匹配投资不仅调动了各方资金，而且由于风险共担增加了承担者的责任心，提高了创新的成功率。

四、风险投资风险的防范策略

1. 建立多元化风险投资主体

为了降低企业的风险，必须充分利用企业外部的风险投资形成多元化的风险投资主体，实现风险分散，让更多的人分担风险，以减少每个投资者和经营者所承担的风险。从而在总体水平上增强风险承担能力。发达工业化国家高新技术创新风险投资相当活跃，其主要方式为：政府投资或资助、风险投资公司投资及信用担保三种形式。国外许多高新技术企业大都把风险投资作为公司主要的经营资本。如美国的苹果计算机公司就是在从风险投资公司获得了25万美元风险投资的基础上发展起来的。

2. 增强企业自身抵御风险的实力

企业要抵御风险，最根本的途径就是增强自身实力，实现产品生产的规模化、经营的多元化，最终实现企业的规模化。

3. 风险投资要走合作研究之路

合作研究是指企业与企业之间或科研单位之间发挥各自的优势，联合研究开发，共同生产销售。它是提高开发效率、减少技术创新风险的有效途径。其特点是合作的各方共担风险，共享成果。合作的方式可以是多种多样的。欧洲各国在积极进行独立科技开发的同时，还特别注重加强国与国之间的合作，对于那些一国开发有困难，而对各国发展都有利的高科技项目，如"尤里卡"计划、航天科技等都由各国联合开发，经费由各国共同提供。我国企业的许多重要新产品大都是联合开发的结果，例如，玉林柴油机厂分别与上海交通大学、天津大学联合成立柴油机技术开发部共同进行技术开发，无锡太极实业股份有限公司与上海纺织大学化学纤维研究所联合攻关，均取得显著成果。

4. 提高企业管理水平

（1）增强企业领导者的创新意识

世界先进企业的风险投资成功经验告诉我们，企业家的创新意识是高新技术企业规避风险的有效保证。企业只有创新才能防止产品寿命周期短而带来的时间风险。索尼公司每年都要向市场推出1000多种新产品；飞利浦公司通过百余年的发展实现了3000多项专利，这些都昭示我们，一个企业只有持续创新、不断改进才能取得长远发展。

（2）加强规范化的内控管理

当一个企业比较小时，谈不上规范化管理，可是当企业发展到一定规模时，就必须建立一套管理规范来规范企业的组织结构、各部门的职责、奖惩升迁、每个人的工作等，使企业实现由"人治"到"法制"的飞跃，避免风险投资公司因迅速发展所带来的管理混乱。

（3）构建合理的企业组织

企业组织应当与企业的发展战略和企业的长期经营目标相适应。高技术风险投资企业具有发展速度快的特点，在很短的时间内，可以达到快速的规模膨胀，这就要求企业的组织结构具备充分的弹性、敏感性和适应性，以适应企业快速增长的需要，减少相应的风险。高新技术企业必须突出创新这一基本特征，建立以产品创新为核心的产品制组织结构。

（4）提高决策的科学化、理智化

首先，提倡群体决策。高技术企业人员素质比较高，为群体决策的实现提供了保障。20世纪80年代初期，美国哥伦比亚广播公司（CBS）起死回生的法术之一就是，鼓励员工参与公司各项政策的制定，避免管理过程中的独断专行作风。

其次，可考虑建立企业信息服务中心。及时有效的信息可以使创新企业及时了解到有关技术的引进情况，又可以迅速得到有关产品的市场反馈信息，使企业在最大程度上把握有关技术与市场的变化，从而减少因技术和市场的不确定性所带来的风险。

（5）建立高效的项目管理机制

技术开发是高技术企业的核心，企业要想在瞬息万变的市场竞争中取胜，要不断地开发新产品，提高自己对技术创新的适应能力，做好技术储备，这要求企业要加强项目管理，促进从项目的立项、开发、中试到生产等环节管理的科学化。

5.加强对从事风险投资人员素质的培养

以上风险投资过程的各个环节，都有人的参与，工作人员的每个活动，都影响着整个风险投资的成败。工作人员素质高了，就有了规范科学的管理，就有了高效正确的开发、生产、销售环节。

第六章 风险投资的内在机制剖析

风险投资业在全球迅速崛起，已成为一个国家的经济发展和经济结构调整，尤其是高科技产业发展的重要融资渠道。风险投资之所以能方兴未艾，蓬勃发展，定有其内在的经济原因，本章分别从微观及宏观经济学的角度，对风险投资的特点及其对宏观经济的影响进行系统分析，从而揭示了风险投资得以迅速发展的内在机理，同时初步阐明了政府参与的必要性，及完善的资本退出机制对风险投资的重要性，从而为创造良好的风险投资发展环境提供理论依据。

第一节 风险投资的微观基础分析

一、交易费用（Transaction Costs）与风险投资

交易费用是指进行交易的额外成本（购买价格以外的部分），包括交换所必需的考核、监督和实施费用，不管这些成本是支付金钱、时间还是造成不便。风险投资的交易费用是相当昂贵的：一是由于风险投资机制自身高风险的特征，致使在立项前要花许多时间和精力去寻找具有市场前景的投资项目，并对风险与收益进行评估、筛选，直至确定风险投资的项目；二是事先的交易费用，即为签订契约、规定风险投资公司与风险企业双方的权利、责任所花费的时间、精力、金钱等费用；三是事中的交易费用，风险投资公司参与风险投资项目的管理、监督和追踪所花费的时间、精力、金钱等费用；四是签订风险投资项目契约后为解决契约本身所存在的问题，从改变条款到风险资本从风险企业退出所花费的费用；五是风险投资中资产的专用性（Asset Specificity）引起的交易费用。金融交易中资产的专用性一般是指金融资产的流动性和可转换能力，威廉姆森将其定义为对已投入生产过程的资产进行再配置的难易程度，它在影响市场交易费用的因素中最为重要。流动性高的金融资产专用性差、通用性强，而流动性和可转换能力差的金融资产，其专用

性强、通用性差。风险投资是一种权益资本，从风险资本的介入到风险资本的退出有很长的资金存续期，在这段时间里，风险资本的流动性差，专用性强。根据制度经济学派的分析，资产专用性高、可转换性能力差将容易导致不确定性的风险而发生昂贵的交易费用。

一般的投资者，难以承当上面昂贵的交易成本，同时，资金实力有限，无法承担巨额的研究和开发费用，望风险投资项目而却步；银行资金充裕，但大部分来自出于谨慎动机、厌恶风险的储户，银行为了应付客户随时可能出现的提现，在保证资金的安全性和流动性的前提下追求盈利性，也难以承担可能发生巨额损失的交易成本，因而也不适宜深层涉足风险投资领域。

而风险投资家及风险投资机制的出现为解决上述难题提供了出路，可以说是对金融运作制度的一种革新，"革新的作用就在于创造或改变需求函数，或降低成本函数"，首先风险投资家是愿意承当高交易成本、追求高收益的风险偏爱者，一方面资金来源于偏爱风险的投资者，资金充裕，与普通投资者相比，具有降低交易成本的规模经济效应；另一方面，风险投资是一个知识密集度相当高的行业，聚集了一大批融专业知识和投资技巧为一体的专家，充分运用他们的知识和才华对风险投资项目分析和评估，能够识别风险项目未来结果不确定的概率分布和风险大小，从而采取措施规避风险。因此，完善的风险投资机制是一种能降低交易成本、具有规模经济效应的新型融投资制度安排和金融中介。

从另一个角度考虑，在风险投资机制尚不完善，风险投资本身又面临昂贵交易成本和巨大风险的情况下，政府积极参与完善风险投资外部环境，从而帮助降低交易成本、减少风险就显得格外必要且重要。

二、信息不对称（Asymmetri Information）与风险投资

信息不对称与人类的有限理性和信息搜寻成本有关。它是指有一方持有与交易行为相关的信息而另一方不知道，并且不知情的另一方对他方的信息由于验证成本昂贵在经济上不现实，从而影响准确决策。交易双方对信息占有的非对称性质导致两种结果：事前发生的逆向选择（Adverse Selection）和事后发生的道德风险（Moral Hazard）。

在风险投资中，风险资本家与创业家可以说是这样的交易双方。从双方的信息地位来说，创业家是信息不对称中掌握企业风险信息的一方，而风险资本家几乎承担风险企业的所有风险。由于对技术和市场信息的掌握不完全，导致其投资回收期和投资收益率的高度不确定性。根据收益与风险对称的原

则，风险投资家在选择风险投资项目时，追求高收益率是其必然，一般来说，要求在35%以上。但是这样将导致创业家的逆向选择问题，也就是说，资信良好、经验丰富的风险投资家要求的高收益率使一部分优秀的风险企业或科技项目望而却步，转而从其他风险资本家寻求资金来源，而向前者融资的一般是非优秀的风险更高的企业或项目，结果这种逆向选择使风险资本家承担的投资风险更大。同样由于风险资本家与创业家之间的信息不对称，在双方确定了委托代理合同关系后，往往会产生创业家道德风险，在委托一代理的文献中，道德风险指的是：由于信息不对称和监督不完全，代理人所付出的努力小于它得到的报酬，诸如创业家可能不把风险资本投资于指定的风险项目，或者在一定阶段后明知风险项目要失败却继续把资金用于该项目，或者对风险项目采取听之任之的态度等等。

不过与一般投资相比，首先，风险投资公司由专业人士组成，对复杂的、不确定性的环境具有较强的计算能力和认识能力，能用敏锐的眼光洞察风险投资项目的风险概率分布，对投资项目前的调研和投资项目后的管理工作具有较强的信息搜寻、信息处理、加工和分析能力。其次，风险投资最常见的组织形式—有限合伙公司，能最大限度地保证风险投资公司更准确地知道企业的优势和潜在的问题，向企业提供一系列顾问服务，并使企业增值且分享增值。另外，风险投资家与创业家之间为了解决信息不对称带来的风险，以及双方所面临的收益与风险地位不平衡等问题，往往依据著名的"莫里斯—霍姆斯特条件（Mirrlees Holmstrom Condition）"协商进行投资交易设计，并订立投资交易合同 c 该条件证明：由于存在非对称信息，为了使代理人有足够的激励去自动选择有利于委托人的行动，就必须在契约设计中让代理人也承担一部分结果不确定性的风险，并从这种不确定性风险中得到补偿。这一设计过程也是双方进行博弈的过程，目的在于达成一种均衡，在这种均衡状态下，双方选定了自己最优收益与风险地位，风险资本家不再承担由于信息不对称造成的全部风险，而是将部分风险转移给创业家，并通过一套特殊机制对创业家进行监督和激励，从而愿意把资金直接或间接投资于高风险企业，承担和享有适当比例的风险和收益，这时创业家也愿意从风险资本家手中融通企业项目投资资金，没有一方有积极性打破这种均衡状态，即是说，双方达成了纳什均衡，使风险因素得到控制。

由此可见，风险投资这种投融资机制能够通过特殊的运作方式很大程度地减少信息不对称，防范逆向选择与道德风险。这也是风险投资能迅速发展的又一原因。

三、风险投资的利润分析—利润创造与利润保障

尽管风险投资是一种权益资本,风险投资家往往通过将企业上市或出售股份的退出机制而回收资本并获得高收益,但是风险投资的高回报最终还要看其投资成果或产品是否拥有广大的市场和良好前景。因此分析风险投资的利润还要从市场谈起,这是利润创造的关键所在,这里所关心的问题是什么样的产品或产业能够通过风险投资在市场上创造利润。

在一个竞争市场中,企业一般是按市场需求来生产或提供与该需求相对称的产品,市场需求是先于产品的供给而存在。如抗感冒药,企业生产抗感冒药是因为居民患感冒需要治疗而产生对抗感冒药的市场需求。企业根据市场需求确定自己的产品、生产规模和投入,一般而言,产品的供给滞后于产品的需求。而风险投资所钟情的产品或产业应与传统产品不同,其大多数产品的供给是先于产品需求的,也就是说其产品的供给能创造或诱致市场需求。在该产品没有面世前,生产者、家庭和居民没有意识到他们对该种产品会有消费欲望或者是一种潜在的称为"异想天开"的消费欲望,一旦风险投资的该产品投放市场后,能深刻影响生产者或其他产品供给的生产方式,改变家庭和居民的消费模式和行为方式,一个未被发现的潜在的巨大市场需求因该产品的供给而开发或诱导出来。

风险投资的产品具有强烈的市场需求刚性。当没有新的替代品或其他条件假定不变时,某一客户群对该产品的消费具有很大的稳定性。假定该产品从市场消失,则会给他们带来极大的不便和相当大的净福利损失。如因特网,在没有被生产出来之前,社会并没有对因特网的消费需求,一旦因特网被开发出来并提供给社会,就从某种程度上立刻改变了人们的工作及生活方式,后来形成的因特网的巨大市场需求就是由于因特网的出现而创造和诱致出来的。

另外,风险投资投向的产品或产业应是技术乘数相当高的产品或产业。技术乘数是指采用某种技术的产品或产业的总产值每增加一个单位,就会带动整个行业或国民经济成倍、成百倍甚至成千上万倍的增长。

综上可见,如果风险投资所钟情的产品其供给能创造或诱致市场对该产品的需求,而且该产品具有相当高的技术乘数,那么该产品就具有相当大的市场需求。而一个巨大的市场需求正是风险投资获得成功、取得高利润收益的最关键因素。因此,选择具有利润创造特征的产品或产业是风险投资获得成功的必要条件之一。保证风险投资高利润回报的另一个必要条件则是产权问题:即风险企业必须垄断该产品的核心技术或对该产品或技术具有知识产权并受到保护。只有风险企业对该产品或技术实行垄断或得到产权保护时,

风险投资才可能获取高额的技术租金作为开发新技术、新产品巨额投入的补偿。这一问题可以用产权学派的理论给以很好的解释。当一项具有非排他性的新技术或者新产品问世以后，如果它面临着一个其前景非常乐观的需求市场，受这种利益的驱使，这种技术或产品很有可能被他人盗用或模仿，外部性（Externalities）问题就会出现。而"产权的一个主要功能是引导人们实现将外部性较大的内在化的激励"。值得注意的是，"产权不是指人与物之间的关系，而是指由物的存在及关于它们的使用所引起的人们之间相互认可的行为关系"，通过政府立法使产权得到明晰与确定，就可以使人们的行为关系得到合理有效的协调和控制。也就是说，当研究开发者对产品或技术的产权得到确定后，他才能合理合法地得到应有的回报，其权益才得到保护，投资者与创业者的风险投资行为才能得到进一步的激励。上述利润创造与利润保障可以说是风险投资高额利润回报的两个必要条件，二者缺一不可。

通过以上对风险投资微观基础的分析，可以很清楚地看到风险投资之所以能够在全球迅速兴起，与其自身运作特点以及由其特点而产生的诸多优势密切相关。不过值得强调的是，通过风险投资机制降低交易成本、解决信息不对称等问题的有效性只是相对于一般投资机制而言的，严格地讲，要想克服这些问题还须更加"理性"的政府介入，为风险投资发展提供必要的制度保障及基础条件，从而完善其外部环境，这将在第三章中做详细论述。

第二节 风险投资对宏观经济运行的影响

风险投资体系作为资本市场中相对独立的运作体系，集融资、投资及其退出获益机制于一体，并不断投入到新创事业以进行资本周转，与新技术创新体系相互支持，相互依托。风险投资对发展一国高新技术企业，解决经济中的结构性矛盾，促进产业升级，推动经济增长都具有积极作用。其中，迅速发展、规范运行的风险投资体制对美国经济发展产生的重大影响和积极作用最为显著，同时也最具说服力。联系到我国的实际情况，引入风险投资机制对我国经济健康、稳定地发展也会发挥其特定的作用。

由此也可看出各国大力发展风险投资的动因所在。

一、促进技术进步

风险投资机制所带来的最直接的结果就是促进研究成果的工程化和商业化。一个科研成果从最初的构想开始到形成产业，一般要经过四个阶段：即研究、开发、试点和推广。风险投资支持的重点是开发（工程化）和试点（商业化）这两个阶段。通常研究与开发所需资金量的比例是 1∶10，开发与试点所需资金量的比例也是 1∶10，一项新技术从它的诞生到形成产业化，往往需要巨额的投资，但新建高科技企业所面临的高市场风险和高技术风险，却令一般投资者望而却步。风险投资机制却有其独特的运作方式，可以有效地规避风险，获得高于平均利润率的投资回报，这就为社会资金进入高科技产业架起了一道桥梁，从而推动了高新技术向生产力的转化。

在美国，正是风险投资使大批高科技企业成为全球驰名的跨国公司。由于受风险资本支持的企业，其平均投入的 R&D 资金大大高于一般企业，从而带动了美国全社会的 R&D 投入水平的上升，大大提高了美国经济增长的科技含量。

在经济全球化的形势下，发展高新技术产业是提高国家竞争力的主要途径。谁掌握了高新技术，谁就掌握了技术的制高点，就掌握了竞争中的主动权。目前我国每年的研究成果转化率低的原因，除了不符合生产需要或技术不成熟外，还缺乏资金的支持。但由于一项发明由开始实施到取得成功一般需要 3~7 年时间，而且失败的风险还很大，加之开发和试点项目在技术上不够成熟，创业者又没有资产可以抵押，故银行通常不愿对创业者提供长期贷款。另一方面，由于其资金需求量较大，各级政府在财政上难以承担。因此，科技成果的转化迫切需要新的投资机制给予支持。风险投资则不但可以向创业者提供资金支持，而且可以协助其开拓市场，并通过选人和理财等专业性服务来加强对企业的管理和监控，因此将有助于企业的成功，进而促进高新技术产业的大发展。

二、推动国民经济的增长

20 世纪高科技领域内的许多成果，从 50 年代的半导体硅材料，70 年代的微型计算机，80 年代的生物工程技术，一直到 90 年代以微软为代表的信息产业的兴起，无一不是在风险投资的推动下完成产业化并创造出巨大的经济效益，风险投资为美国经济不断注入新的活力。

自 1991 年初起，美国经济已经持续增长了将近 10 年，在这 10 年中，没有出现恶性的通货膨胀，就业情况稳定，打破了资本主义的经济周期，堪称当今世界的经济神话。纵观美国这一阶段的发展历程，可以看到美国经济的飞跃正是以信息产业等技术进步和创新为依托，以风险投资这种新型金融中介为纽带，以知识经济为特点的知识和创新高科技迅速转化为商品的结果。

新制度经济学以及新经济史学派的思想能从更根本的层面解释风险投资对一国经济的推动作用。新经济史学派的代表人物、独领风骚的制度变迁理论的创始人之一诺思教授在其著名的《西方世界的兴起》一书中指出"有效率的经济组织是经济增长的关键;一个有效率的经济组织在西欧的发展正是西方兴起的原因所在"。而有效率的经济组织的产生需要靠新的制度安排及产权的确立来创造一种激励效应。一个社会如果没有实现经济增长,那就是因为该社会没有为经济方面的创新活动提供激励,也就是说没有从制度方面去保证创新活动的行为主体应该得到的最低限度的报偿或好处。诺思通过对公元900—1700年间西方经济史的考察得出"搭便车"行为的长期存在造成了个人收益与社会收益的不等,关于解决这一问题的方法,诺思从对历史的全新解释中找到了答案。他的理论认为尼德兰和英格兰地区之所以最先在西方世界崛起,就是因为在那里最早进行了产权结构方面的变革,从制度上激发和保护了经济领域内的创新活动。那么回到现代经济世界,到目前为止风险投资是一种能够最大限度降低交易成本、解决信息不对称下的"委托—代理"问题和"搭便车"现象的有效率的新型融投资制度创新,它为经济方面的创新活动提供了很好的激励,因此它将能有效率地促使储蓄转化为投资,从而推动国民经济均衡增长。

三、促进产业结构的调整和资本的优化配置

风险投资的产品或产业一般是技术系数相当高的主导产品或产业,风险投资的某产品或产业最终生产量上所引起的波及效果叫作波及效应,这类产品或产业影响其他产品或产业的强度称为影响力,可用影响力系数表示。总的来说,风险投资的产品或产业由于关联度强,技术系数高,波及效应大,影响力强。一般来讲,风险投资是通过下面几个途径带动经济增长和产业结构调整的:其一,回顾性影响。风险投资的产品或产业对向它投入生产要素的部门或产业的影响。如电信行业的发展会带动通信设备、电缆、半导体和电子、软件等产品或产业的发展;超高分子量聚乙烯管材是一种有广阔市场前景的高技术建筑材料,它的辉煌可带动化工等行业的发展。其二,前瞻性影响。风险投资的产品或产业作为其他产品或产业的投入要素而促进其他产品或产业的发展。如基因工程和生物技术的发展将促进生物制药、卫生事业、健康保健等产品或产业的结构优化和发展;超高分子量聚乙烯管材能促进建筑、矿山、煤气传输、供水等公用事业的发展。其三,旁侧影响。风险投资的产品或产业的发展和成长对所在地区和邻近地区的影响。如北京的海淀区因电脑、计算机技术的发展使周围的人流和物流增加,带动了周边地区的餐饮、娱乐、交通等产业的繁荣。

当风险投资的产品或产业进入成熟期后,风险资本开始退出,并重新寻

找新的技术乘数高的、在未来将成长为主导产业的潜导产业。潜导产品或产业是指该产品或产业在国民经济和产业结构中所占比重不大，但它是成长性好、有广阔发展前途的产品或产业，或是属于高新技术产业，科技含量高，创新能力强；或是产品用途广泛，可开辟广大市场。理想的状态是，风险资本在上述潜导产品或产业的"种子期"介入，随着风险资本对潜导产品或产业的"孵化"和培育，逐步发展为新的主导产品或产业，及时接替先前风险资本退出的即将进入衰退期的原主导产品或产业。这样，主导产业的结构因风险资本的介入实现了升级换代，产业结构得到了优化，于是，以技术创新为依托，在风险资本的推动下，经济运行在结构不断优化的基础上出现一轮又一轮的持续增长。如果风险资本不能顺利"孵化"出新的产品或使创新技术转化为商品或主导产业，则经济中结构性矛盾将会突出，经济衰退就会来临。

我国目前经济运行中表现为通货紧缩、生产过剩，其实质是存在严重的产业结构性矛盾，一方面是大多数产品供过于求，另一方面是许多产品出现短缺，产业结构与需求结构不相匹配，市场要求对产业结构和资本重新进行优化配置。在这种情况下，利用风险资本培育我国的高新技术，调整产业结构，不失为解决长期困扰我经济的结构性矛盾的一种办法。

四、帮助吸引大量外资

风险资本的收益率高于社会平均收益率并在不断提高，这使得美国国内资本市场平均收益率上升。20世纪90年代初国际风险资本也开始进入中国市场，到现在已有许多著名的国际风险投资公司在中国开展业务。国际风险资本进入中国市场只有七八年的历史，却在很大程度上弥补了我国风险资本的缺乏，支持了我国高科技产业的发展。最早进入中国市场的风险投资机构是美国著名的风险投资公司 IDG（Inter national Data Group），到目前为止，已有数十家国际风险投资基金（公司）投资中国，国际风险资本的投入量正呈增长趋势。

第七章 金融投资风险防范

观念决定成败是公认的真知灼见。同样，要成功投资全球金融市场，首先要树立正确、有效及全面防范金融投资风险的观念。

第一节 防范全球金融投资风险的观念

一、有效及全面防范金融投资风险的客观观念

防范金融投资风险全面有效的客观观念很多，主要有市场经济周期与利息周期及股市周期，股市短期与中期及长期运行趋势，行业和个股单一投资的风险，价值投资，组合投资，政治与税务及法律监管，社会及非完善投资理论的负面影响，投资者个人素质和性格缺陷问题，滥用融资融券及期货期权杠杆风险，金融产品和汇率风险，金融公司和投资顾问选择失误风险等。

对以上 11 种极为有价值的客观观念逐一进行画龙点睛式归纳显得十分必要。

（一）市场经济、利率和股市的周期

各行各业成功的人大多对所从事的行业从宏观战略层次有优秀的把握，用通俗的话讲，就是牢牢把握大方向。投资股市也是一样，不从宏观战略层次把握投资股市的大方向，也就意味着赌博，或瞎猫撞上死耗子，撞到哪是哪。

从宏观战略层次把握投资股市的大方向就是要牢牢把握市场经济、利率与股市运行的宏观面情况，做到运筹帷幄，胸有成竹。市场经济的致命弱点就是有市场运行周期，改善调节市场经济周期的最有效宏观调节措施之一就是变换国家利率的走向及高低。利率为市场经济周期服务，自然随市场经济周期产生了利率的周期。股市是市场经济周期的晴雨表，其运行表现总是先于市场经济周期一段时间。市场经济周期引起股市周期，股市周期反过来又作用于市场经济周期，相辅相成。

市场经济周期每过几年，一般五至十年便轮转一次，利率和股市周期也基本如此。

美国股市的道琼斯上百年历史运行中有过约14次的股市周期，中国股市近20年的运行期间也已有过7次周期。成熟的美国资本市场的周期与中国的相比，周期长且更为规律一些。但任何国家的股市，不管是否有人为的干扰，都逃不出这种周期的怪圈，投资者一定要对此情况有正确的客观认识。

（二）股市短期、中期和长期的趋势

认识股市的短期、中期和长期运行趋势对一般投资者来讲的确很困难，因为不仅需要专业知识，也需要长期实践过程。投资者对号入座成为短期、中期和长期三种投资者类型的现象还会继续下去。不短期投资股市的观念基本是错误的，的确会使投资者吃尽苦头，最终的投资结果是凶多吉少。中期投资股市的观念是最佳选择，因为它与市场经济和股市的周期特性基本保持一致，结果往往是理想的。长期投资股市也有违市场经济和股市周期的特性，最终投资结果并不理想。

（三）行业与个股的单一投资

每个行业和其股票会随市场经济和股市周期有各自的周期阶段，每个公司和其股票除了随市场经济和股市周期有大众化的周期特征外，更会有其特殊的市场和股市周期。

投资者正是对行业和个股没有客观正确的市场经济和股市周期观念，没有它们常会出现特殊危险情况的观念，才会盲目将大量资产投入一个行业或一个公司的股票。

另外，投资者由于知识、经验、时间及条件有限，很难把握这些行业和个股的市场经济和股市周期情况，也很难在有效时间对出了问题的股票进行果断合理的处理。因此，常会出现被动无奈及损失惨重的局面。

总之，投资者一定要对行业和个体公司的市场经济及股票的周期运行趋势有客观的认识。要树立正确防范投资风险的观念，不能对单一行业和个体公司的股票进行大量投资。

（四）价值投资

人们购买其他商品都有价值投资的观念，也会将价值投资观念运用到极致。菜市场买菜都会将一个菜摊上的一种菜的质量和价格与另一个菜摊上的同样产品进行比较，以便运用好价值观念。可很多人上股市投资却忘记了价值观念，更不知如何运用价值投资观念。许多投资者，投资股市全凭情绪、跟风和赌博心理，不是按照理性的价值观标准进行，因而常导致灾难性投资后果。

金融市场投资的价值观念主要分三个方面：第一，整个股指大市是否有投资价值；第二，具体投资的行业是否有价值；第三，具体投资的公司是否有价值。检验投资价值的标准很多，但最关键的有几个指标，其中最重要的是市盈率的高低。

成熟资本市场权重股股指平均市盈率的合理水平一般介于10~15倍之间，新兴资本市场的应是10~20倍。前者的中小型公司股指的平均市盈率合理水平一般是15~25倍，后者中小型公司股指的市盈率平均合理水平应在18~30倍。

美国中小公司上市的纳斯达克股指的平均市盈率在2000年初达到了极端高位，介于50~100倍之间。日本日经指数的平均市盈率在1989年底也基本到达以上类似的水平。中国上证股指的平均市盈率在2007年下半年也是徘徊在50~100倍之间。这三种股指都有过极端高位的平均市盈率，之后也都出现过极端性的市盈率回归自然合理水平的过程。

审视行业和个体公司股票的市盈率高低也具有同样的重要性。

1999年底，美国的高科技网络行业的平均市盈率高达100~200倍之间，个别公司股票的市盈率高达2000倍（雅虎），但最终也都回归到合理的市盈率水平。

以上事实说明，投资股市一定要有价值投资的客观观念，一定要从股指、行业及个股三个方面的市盈率平均水平把握投资价值。市盈率应是价值投资观念中最重要的检验标准之一。

除了市盈率，对于投资个体公司的股票，还有多种价值检验标准，如公司的高层是否有杰出的管理水平和信誉，公司是否有龙头品牌产品、持续稳定的赢利能力及合理的现金流和负债水平等。

另外，应主要投资自己懂行的及长期跟踪的一些行业和公司。简而言之，树立正确的价值投资观念和标准是投资股市成功的重要基石之一。否则，后患无穷。

（五）投资组合

这应是投资权重观念之一。长期的财富投资管理顾问从业经历，使笔者不断见证与发现这样的事情，哪个投资者越能接受和合理运用投资组合，哪个投资者的投资越能抗衡来自多方面的投资风险，越能安全度过一个接一个的市场经济和股市周期，越能坚守中期和长期投资的理念和计划。

投资组合的真实观念，用老百姓的话来讲，就是不要把所有的鸡蛋放在一个篮子里。投资组合观念体现在金融投资上，具体来讲，就是不能把所有的投资资产投入一两个行业，或投入一两个公司的股票，也不能把所有的资产全部投入股市或债市。各类市场和各行各业都应有一定的资产投资比例，这些比例的大小是基于每个投资者的各种具体情况来定，没有统一的形式和比例，但有基本统一的底线和上限。

举例来讲，任何投资者投资一种行业的比例不要超过自己投资总资产的30%，个股投资不要超过5%。

投资组合就像一座园林，园林师根据每个城市的具体情况和规划精心挑选、种植园林中所需的各种各样的树木和花草。园林师需要每天呵护管理它们。不管园林师如何努力工作，天都有不测风云，树木花草都有生老病死。园林中总会出现一些病死、老死、枯死、遭天灾人祸死亡的树木与花草。园林师需要也只能把那些枯木花草铲除掉，以保持园林的美景与魅力。

投资组合的挑选和管理观念和园林的一样，不管投资者和投资顾问如何努力，都会有"死亡"的投资产品。但由于投资组合中有不同市场、不同行业及不同公司的投资产品，它们绝不会在同一时间出问题，反而常常是东方不亮西方亮，工业损失农业补的投资平衡结局，以此降低了整体投资资产大幅贬值的可能性，也减轻了投资者的精神压力，容易度过困难期，也容易最终投资成功。

但有一点要记住，正由于投资组合中投资产品的多样性与平衡性，投资结果不会有极端大起大落，也不会有极高的投资报酬，能达到一般股指长期平均回报率的都算得上好业绩。投资组合性的投资更需要时间和耐心，它的运行特性和结果大多如同股指一般，从而抑制了投资者赌博和一夜暴富的心理和可能性。这也许是很多投资者在市场大牛，甚至大熊期不容易坚守投资组合观念的主要原因之一。对于一般投资者，笔者认为，唯有坚守投资组合的观念和投资战略，才可能真正防范投资市场上的众多无法预测的风险，最终到达成功的彼岸。

（六）政治、税务及法律监管

有些人主张市场经济和股市应完全自由调节化，有些主张自由调节与特殊时期进行特殊干预相结合。事实上，成熟资本市场和新兴资本市场在历史运行的长河中，始终都不乏采取政治、税务和法律监管等行政手段对市场经济和股市进行一些干预。因为实践不断证明，完全自由化的市场经济和资本市场有时会如脱缰的野马，会伤害驾驭它的政府机构和国家经济发展命脉，也会伤害太多紧密围绕在它周围行动的人。

成熟资本市场的大多投资者过于相信市场经济和股市自由化的观念，认为和主张政府对自由市场经济和股市不会作为或不应作为；新兴资本市场太多投资者过于相信市场经济和股市受干预的观念，认为和主张政府对自由市场经济和股市一定要大力作为和干预。

这两种市场持两种较大差异观念的投资者应该相互平衡一下。任何极端的观念从哲学的角度来讲都是不合理的。市场经济的理论和实践在发展与演变，投资者有关这方面的观念也应发展和演变。

在这方面的合理观念应该是，任何国家的市场经济和股市在特殊时期都会有一定程度的政治、税务、法律监管等方面的干预，投资者一定要给予这些干预适当的关注，因为它们的确会给投资者的投资收益带来较大影响。

（七）社会及片面理论的负面影响

形形色色的社会各界的一些负面观念影响着大量投资者的观念。

有些是来自不成熟者的不成熟投资观念；有些是来自极个别心存不良者的不良误导观念；还有些是来自片面理论的片面观念。

分辨这些观念的正确与否主要靠丰富的专业知识和实践经验。大多投资者正是缺少投资理论知识和实践经验，才会受这些负面观念的影响，做出非理性的投资及遭遇投资失败。

投资者要树立这样的观念，不能在金融投资市场上轻易相信任何人的投资观念，包括有些国际王牌公司和国际投资大师，更不能轻易根据他人的投资观念做出投资决定。金钱市场常常是暗中利益争夺的残酷战场，善良的投资者往往是被愚弄者或受害者。

（八）投资者素质和性格缺陷

做任何事情，人的素质和性格往往是决定成败的关键因素，投资金融市场也不例外。投资者一定要有自我认识的观念，不能把任何投资失败都归结到他人身上及外部的情况，其实自身存在素质和性格的缺陷同样会导致投资风险与失败。

投资者缺乏丰富的投资理论知识及长期的实战经验属于投资素质问题。贪婪、恐惧、无耐心、盲目自信、偏听偏信、依赖、易激动等都是性格缺陷问题。

有了自我认识自身素质和性格缺陷的观念，投资者才可能不断努力提高自身素质和改善性格缺陷，从而有可能不断减少由于素质和性格问题造成的风险和损失。

（九）滥用融资融券及期货期权

融资融券及期货期权的理论和实践都是极其复杂的，正确理解及合理使用它们的观念有助于投资者防止灾难性的投资后果。

证券投资融资一定要慎重，要知道借金融公司的钱要完全按照金融公司的客户合约规定执行，个人无权争议并受控于它们。如借钱比例过高，当股市及投资产品下降或贬值时，投资者会立刻收到补交现金的命令通知。过时无能力补交者，其账号中投资产品的一定比例会遭遇立刻被卖掉的厄运。

融资比例越高，遭遇厄运的机会越大，投资风险和损失及压力就越大。股市牛市可借贷，比例可适当高一些。股市熊市尽量避免借贷，如果借贷，比例不应超过投资总资产的25%，才有可能免遭祸运。

融券有利有弊，外行者则会遭遇较大投资风险，其中有：所融的证券有被收回的情况；融券人要按所融券的额度交付利息和红利数额（如果融券有红利分成）；市场可能出现与融券投资方向成反向的可能。

融券是复杂和有较大风险的，不懂者尽量避免使用。懂者也要慎重，不宜随便大量使用。

期货期权不适合所有投资者，其融资杠杆作用一般人更难驾驭。

无数投资者，甚至一些专业机构和专家级人物因滥用期货期权和融资杠杆都遭遇过巨大损失。

期货期权投资适合于那些真正有这方面需求的投资者：如股份公司拥有大量公司股票的高管人员、拥有数量巨大的某单个股票的投资者、各种进出口公司及各种专业机构投资者。因为他们常常都需要运用期货期权的有利功能对其拥有的某个大量股份进行合理对等的套值保护。

一般投资者不要对期货期权和其融资杠杆作用有错误的观念。融资杠杆作用是以小钱搏击大钱，可大多投资者很难从这种游戏中获胜，反而是这种游戏的最终受害者。

期货期权和其融资杠杆的运用成功大多基于对股市的投资功底，投资者如果在股市上长期都赚不到钱，转战到期货期权市场进行搏击的结果只能是凶多吉少，结局更为悲惨。

（十）金融产品和货币汇率

绝大多数的金融产品都有一定的投资风险，国际投资还会涉及汇率变化产生的投资风险。

有几种金融产品投资者要特别小心：

其一是牛市后期上市的原始股票和原始基金。此时上市的原始股价值常涉嫌定位过高，熊市时会大幅下降；原始基金在牛市高峰入场，其天价的价值也常会随牛市崩盘而狂泻。

其二是长期经营业绩不良及评比名次排后的基金。投资者投资基金的基本标准就是参照长期持久的业绩和行业的评比名次。如果这两项指标都不好，其无人购买的结果无法避免，业绩也只能越来越坏，投资者投资自然受损越重。

其三是长期国债的面值随利息的变动会有大幅波动。不到期抛售会有两种可能：利率下降时的债券面值会有大幅升值；利率上升时的债券面值会有大幅贬值。只要不抛售，升值和贬值都是纸面上的数字。

其四是企业债券的运行规律也受利率变化的影响，但大多数情况下与企业经营的好坏有关。企业经营业绩好并按期付息还本，一切都会正常运行。如果企业因经营不良无法正常付息还本，企业信誉受损，投资者便会疯狂抛售其债券，引起面值大幅贬值，严重时无人敢买其债券。企业会进一步举债艰难，有时危及生存。企业如果倒闭了，投资者也常常会遭遇如同股票投资者那样的血本无归的厄运。因此，不可大量投资一个公司的债券。

投资国际上任何国家的金融产品都会涉及汇率变化产生的投资风险。

各国的货币汇率变化有一定的周期。发达资本市场的流通货币汇率一般有较规律的周期，新兴市场的货币汇率变化周期缺少规律。防范货币汇率变化引起巨大投资风险的最有效措施是：将投资资产一分为二，一半投入升值货币国家的产品，另一半投入贬值货币国家的产品，以达到平衡的中性结局。

投资者一定要对常见的投资产品有基本的正确观念。如果进行国际投资，还应对主要投资国家的货币及其汇率变化周期保持理性的观念。否则，任何投资都带有盲目性与赌博性。

（十一）公司和投资顾问的选择

发达资本市场上的金融公司和投资顾问种类繁多，引起的误解也多。正确分辨与认识各类公司和投资顾问对于投资成功也是至关重要的。

全面金融服务公司提供全面的个性化金融投资服务，收取相应昂贵的佣金和服务费；折扣金融服务公司主要提供非个性化的，但不亚于全面金融服务公司的人性化服务，收取相应的廉价佣金和服务费用。两类世界级金融服务公司都经营着类似的超级金融超市。通常情况下，在全面服务公司的金融超市采购需要得到其投资顾问的咨询意见并付出较昂贵的服务费用。而在折扣服务公司的超市可由自己任意采购或委托私人投资顾问采购物美价廉的金融产品。

发达资本市场的金融小公司同样受到基本同于金融大公司那样的金融从

业注册与监管，客户投资资产也要交由第三银行管理服务。小公司有好有坏，其中不乏业绩极其优秀的。因误解而排除发达资本市场的金融小公司也是一种选择失误。

冠名投资顾问头衔的人很多，他们来自不同的行业领域，所拥有的执照大多有质的差别，主攻的专业与服务多数也是有天壤之别。投资顾问是金融"医生"，混淆乱用投资顾问会有"诊断失误与下错药"性质的风险后果。

金融投资公司的大小与名气并不十分重要，最重要的在于选择好适合自己具体情况的可信任、有丰富知识和经验的投资顾问。任何类别或大小公司都有极其优秀的投资顾问，也都有大量无经验的学徒顾问，一定要有正确的观念及标准去寻找和仔细选择。

中国人常说"货比三家不吃亏"，这个观念同样可以用于选择和使用金融公司、投资顾问的过程，照此行事肯定是利大于弊。

二、排除非理性的主观观念

非理性的主观观念是投资者投资的大敌之一，也是引起大量投资风险的祸根之一，这些常见的非理性主观观念有：固执的贪婪与恐惧、偏听偏信与排除异己、信神信鬼与听天由命、狂躁不安与主观武断。

合理审视这些非理性主观观念，才可能产生自我有效排除它们的效果。

（一）固执的贪婪与恐惧

毫不奇怪，人性都有贪婪和恐惧的一面。但人性的贪婪和恐惧程度在金融投资领域显露和发挥到极致。

中国市场 2007 年流行的顺口溜——"不给我翻倍，打死也不卖"完全表达了众多投资者固执的贪婪。2008 年，投资者又将中国上证指数从年初的近 6000 点抛压至 8 月的 2300 点、9 月和 10 月的 1800 点附近，这又全然表达了他们的恐惧。

贪婪和恐惧都会使投资者失去理智，并把错误坚守到"不见棺材不落泪"的境界。

投资者只有有效控制或克服自身固执的贪婪与恐惧，才能有机会在金融市场投资成功。

（二）偏听偏信与排除异己

人都有可能在有些时候、有些问题及有些地点出现不同程度的偏听偏信，严重时还会排除异己。究其原因，有的是缺少足够的见识和知识，有的是性格缺陷，有的是感情与情绪代替了理智等。投资者在金融投资上出现的偏听偏信与排除异己应该囊括了以上讲到的几方面原因。

股市疯牛的后期，常见很多投资者根本无法接受不利于股市上升的股评与预测。谁敢说股市应该要大幅回调或根本就不该如此狂涨，谁便会遭到大量情绪化投资者的臭骂或贬责。他们只能接受并只相信一切股市继续狂涨的股评和信息。

股市大熊的后期，大多投资者又不相信股市已存在大量有价值的"黄金"产品，他们不仅不进场"拾金"反而"抛金"出场。非理性的主观观念总是在金融投资市场上折磨着投资者，使他们不断坚持主观情绪化的偏听偏信，并常常坚决排除异己，导致自己后来损失严重。

（三）信神信鬼与听天由命

千百年来，中国很多人都相信佛教的著名信条："生死由命，富贵在天"。既然是著名的信条，那它一定有其普世的实用意义。人们相信它也自有道理。

常常见到有些投资者每做一笔大的金融投资，便会抽签算卦，理性的研究和建议可以全然不顾，但会完全按卦意解说做出投资决定，可后来还是输了大钱。

纯属天意吗？天知道！不过有一点，笔者敢相信：上帝喜欢赐福于那些勤奋并有周密准备的人。

相信天命与祈求上帝赐予财富没有对与错。不过，如果投资者什么都不学，仅凭算卦和祈求上帝赐福就能成就一切成功和财富，这肯定是非理性的主观意念。否则，天下一切成功和富有的人都是算卦的出身了。

对任何信念信条的解读和相信都应多方位性，才不会把它念歪了，才不会让念歪的经条和信仰束缚人的理性思维和行为，产生无法挽回的严重损失。

对待生活和工作不应完全信神信鬼及听天由命，对待金融投资也应该是这样的。相信人的努力，再加上上帝的赐福，才有机会成功。

（四）狂躁不安与主观武断

金融投资市场对于大笔大笔输掉一生省吃俭用积累起来的财富的无经验投资者来讲太像一座地狱。它使无数输大钱的投资者变得狂躁不安及彻夜难眠，还使更多人产生新的主观武断的观念，采取更为主观武断的极端行为。

有些人会主观认为一切都是他人不作为及作梗，有些人认为苍天不长眼及自己的命不好，有些人认为永远不可能从股市投资赚钱并彻底放弃，还有些极个别人对社会和生活完全失去了信心。

投资者正是输钱输红了眼，才变得如此狂躁不安及主观武断。其实，每个投资者都要随股市周期经历至少几个轮回的失利与情绪周期,最终从挫折和失败中一步步走向成功。谁能不断努力学习与实践,不断吸取经验与教训并排除万难争取胜利,谁最终就是金融投资市场上的成功者。

投资金融市场的确比投资任何市场都要复杂及艰难得多,所承受的精神压力和痛苦也多。不过请相信,"八十一难"过后就会到达金钱的"天堂",也可能会加人那些国际投资大师的行列,那时候,金融市场就是一切成功者"任意"并"随时取钱"的"提款机"。

投资者的确要尽可能努力排除一切自身非理性的主观观念,客观认识自己,认识所有相关的客观情况,才可能最终到达投资成功的理想境界。

第二节 防范金融投资风险的产品

投资什么样的金融产品才能把投资者从昼夜担忧、恐惧、寝食不安的精神状态下解放出来,可以不用再担心投资资产随时都会出大乱,或血本无归?

一、全球各类优秀股指和交易所交易基金

各个国家的股指(INDEX)由不同行业、不同数量的具代表性公司的股票组合而成,股指每天的升降和年回报率是集合平均性的,可作为衡量一个国家资本市场运行收益高低的基准指数,也作为对比衡量金融市场上专业人员投资回报率好坏的试金石。

目前,世界上已有几万家财富投资管理基金,但大多数的长期投资回报率都无法超越股指的自然长期回报率。因此,各类股指基金(INDEX FUND)及与股指基金相似的交易所交易基金(ETF)成了投资者近年来追捧的投资产品之一,它们的发展速度和数量也是迅猛与惊人的。

(一)股指基金

股指基金的好处是可使投资者获得与市场平均收益相近的投资回报,而不用担心投资资产随时会出现血本无归的可怕情况。

股指通常都是由几十或几百,甚至几千种不同行业的优质公司股票组成的。这些公司绝无可能同时出问题,也绝不会同时倒闭,因为它们基本代表了一个国家的各行各业的整体经济实力与发展前景。各个国家的股指从长期来看,不管经历过多少次市场周期,最终都是呈上涨的趋势。美国道琼斯股指从100多年前的49点附近到达近年最高约14250点。中国上证指数从20世纪90年代初的100点最高上升至2007年的6000多点。尽管2008年8月

最低回调至 2300 点附近，但总有一天会重返 6000 点，还要攀登 10000 点以上，只不过需要很长时间。

投资股指基金一般只需要关注大盘的走向，大盘大降可逢低买入，长远来讲只有好处没坏处。但遇到任何个股大降，没搞清楚之前，不可以逢低便买，因为有可能越买价位越低，直至倒闭。还有一种好处是，投资股指基金可使投资者自己掌控自己的投资命运，不用担心花了钱还让别人管砸了自己的投资资产。

另外的好处是股指基金的收费和管理费用相比其他的财富管理基金，要便宜很多，至少年平均费用可降低 1% 左右。积少成多，日久必有较大的收益差别。

股指基金好处多多，最大的好处是可以有效防范与管理投资风险。投资者投资组合中不能没有股指基金的份额。

（二）优异交易所交易基金

这类基金设立的功能近似于证券市场上的某些种类指数基金，只不过交易所交易基金如同股票一样在交易所挂牌即时交易，要付交易用金；而股指基金不在交易所挂牌交易，要通过中间商或直接向发行股指的基金公司购买，交付基金销售和管理费用，获取的每股价格是股指基金每天收市后计算出的每股平均收市净资产价 NAV，等于股指基金证券总资产减去总负债（等于基金的资产净值），再除以总股数或基金单位数。

交易所交易基金的种类和数量近两年在美国证券市场上是日新月异，突飞猛进，已近上万个，大有超越开放式共同基金（Open-End Mutual Fund）数量的趋势。

相比共同基金，交易所交易基金几乎可以囊括世界上任何国家的各式各样的股指，有的交易基金是专对众多股指进行卖空、对冲等复杂功能交易的基金。

交易所交易基金是近几年的创新产品，发展的速度和数量又是如此之快之多，可以想象一定有许多基金的质量很难保证，且风险极大。笔者之所以一开头就用了"优异"二字修饰交易所交易基金，就是提醒投资者一定要慎重挑选优异的交易所交易基金来投资，不可以随意乱投资。

借助交易所交易基金集合与组合的功能形式，通过挑选优异的多国多种类交易所交易基金来投资，就可以达到既能投资于全球金融市场，又可有效控制投资风险的目的。不仅省心与省时，而且物美价廉，并能自己掌控自己的投资方向及命运。当然，自己或自己的私人投资顾问要真正懂行才行。

二、各式各样优秀基金

基金投资在发达资本市场上已有上百年的历史。最早的基金投资机构于 1868 年 11 月在英国成立，主要以分散投资于国外殖民地的公司债为主。

美国的基金业始于 20 世纪 20 年代，经过 80 年的发展，已成为全球基金行业的"霸主"。目前，美国的基金总资产约占全球基金资产总值的 60%。美国的开放式共同基金运作相对规范，也比较成熟，因此对全球基金的创新和发展有着重要的影响。

基金在美国早已成为一种大众投资理财的热门产品。截至 2005 年底，美国开放式共同基金的个人持有比例约高达 88%，几乎近一半的美国家庭持有共同基金。之所以有如此高比例的普通家庭进入基金市场投资，主要是因为美国企事业职工退休养老金的主要投资产品就是锁定在各类好的共同基金的范围内。

这种企事业职工退休金计划称为 401K 和 403B，它始于 20 世纪 80 年代初，主要由职工自愿从税前工资出资（目前一年最高出资额限定为 15000 美元，50 岁以上可高达 20000 美元），企事业主对应出资一般不超过职工工资的 3% ~ 6%。

事实上，这种类型的退休和投资计划开辟了三赢的局面：国家将不再过度承担退休国民的沉重养老负担；大多国民有了长期投资致富养老的规范化投资计划和渠道；证券市场和基金行业有了长期繁荣及比较稳定的光明前程。

（一）基金的优势

成熟资本市场的众多投资者对基金的优越性深有了解，利用起来也很熟练，但新兴资本市场的投资者对基金的优势并不很清楚，真正会选用基金的投资者数量大概就更有限。

新兴资本市场的大众投资者也应该把优秀的、多种优势及功能的基金作为长期投资的基石，而不应自己花大量时间购买常常搞不懂的风险很大的个体股票及债券等产品。

所谓优秀的基金指的是那些长期平均回报率可以超越股指基金，并且波动幅度与风险指标都小于股指基金的基金。所谓基金的多种优势和功能指的是：第一，专业人员替群体投资者集合管理投资，帮众多投资者一起炒股及炒债等，大家平分收益，共担风险；第二，多样化组合投资，投资结果只有多与少，不会也不应有血本无归的可能；第三，大小钱一般都可入市投资采购，基本适合任何投资者；第四，投资方便且费用不高，投资者可随意交易任何的数量。

（二）各类优秀基金

只有投资各类优秀的基金，才能真正得到优势回报，否则，也会受到程度不同的伤害和损失。

基金好的回报率主要靠的是公司和基金经理的丰富知识和经验。

遗憾的是，众多公司和基金经理的知识和经验都是有限的，再说还有其他方面复杂的原因影响。所以常胜的基金和经理确实不多，需要仔细寻找与选择。对于投资的基金也需要至少有年度性的评估，以便保留优秀的，换掉劣质的，保证理想的投资回报。

（三）平衡性基金优势

平衡性基金指的是股票和债券类搭配的基金。这里单独提及平衡性基金，主要是笔者认为这类基金更有多面组合的平衡稳定投资效果，更适合一般投资者。

要知道，股市和债市运行趋势常常并不一致，股市牛市时，债市一般又是熊市阶段。同时拥有股票和债券的基金可以得到"农业损失副业补"的平衡效果，基金价值波动幅度一般大大低于纯股票或债券的基金，而且很多这样的基金的长期回报率并不亚于纯股票或债券的基金。另外，基金经理和投资者在牛熊市中的回旋余地要大得多，压力相对也小。

三、各类优秀债券基金和信誉国债

投资债券，比投资股票更需专业知识和经验。投资单一债券，特别是中小企业债券，投资者面对的投资风险问题并不亚于投资股票。但投资债市又是投资组合中不可缺少的重要组成部分，投资者也必须进入债市投资。

债券基金的优势是可以帮助投资者解决投资债市难的问题。另外，有良好信誉的国债也是投资者可值得信赖的债市投资产品。

（一）债券基金

债券基金有各式各样的，常见的是开放式基金，还有债券指数基金及交易所交易的债券基金等。

债券基金同样具有前面讲到的开放式基金共有的四大功能优势，其中最大的优势就是投资者不用整天担心投资个体公司债券的资本会突然血本无归的大问题。

所以，投资好的债券基金不仅可以得到不亚于投资个体债券的回报率，而且可以帮助投资者有效防范投资债市的风险。

（二）选择各类优秀债券基金

任何类别的基金都有好有坏，债券基金也不例外。投资者面对的是众多有好有劣的不同期限债券组合而成的各国国债基金，有大有小的各国各类企业债券基金，有国债和企业债结合投资的，还有债券和债券期权合成的及债券和股票合成的等。有通过从基金公司购买的债券基金，也有经由证券交易所买到的交易基金。

一定要认真研究、慎重选择那些既适合自己的投资目的，又能适应投资组合原则的，还可满足持久理想收益的优秀债券基金。否则，投资债券基金尽管风险不大，但劣质的长期投资回报率照样会使投资者经济和精神双面受损，并对投资债券基金失去信心，从而在投资组合中放弃投资市场上最主要的投资种类之一。

（三）投资个体债券与基金的差别

最主要的差别是个体债券都有具体到期的时间，而债券基金把不同到期的债券混合在一起，投资者无法把握众多债券的不同到期时间。

另外，买单个债券，投资者可以根据债券面值的升降随时自行交易，以获取市场最佳机遇。这样的机遇对于投资债券基金来讲，投资者自己无法把握。

投资个体债券虽然可以给投资者提供掌控到期时间和随时交易的可能与便利，但却无法保证其不倒闭。而投资债券基金虽然无法向投资者提供掌控基金中债券到期时间和随时交易的可能性，但可使投资者不必像担心投资个体公司债那样可能遭遇血本无归的境况。

（四）信誉国债

唯有购买单个的信誉国债能够做到既可向投资者提供掌控个体债到期时间，又可提供自由交易的便利及可能性，还可像债券基金一样提供投资资产不会血本无归的保证。

因此，投资单个信誉国债对于熟悉债券运行规律的投资者来讲，是极佳的投资产品。笔者还建议投资金融市场的人，一定要搞懂债市的运行规律，特别是国债的。只有掌握投资国债的技巧，才能真正利用投资国债的特殊优势为自己创造既安全可靠，又比较容易掌控，还可获取较高投资回报率的成功机遇。

四、全球各类优秀托管投资基金

根据笔者在华尔街的长期从业经验，发现托管基金对于成熟资本市场的大众投资者来讲至今还是一个谜,新兴资本市场上的一般投资者对此类基金就知之更少。

究竟什么是托管基金?它与开放性共同基金有什么区别?它的投资优势和投资客户是谁?它的发展趋势和未来前景如何?

(一)托管投资基金

从性质上归类,托管投资基金应该属于一种私募投资基金功能形式。在发达资本市场,经营者可以是证券公司、基金公司、银行、投资管理与咨询公司或保险公司等。

私募指的是经营者和投资者私下达成协议并签订托管投资资金管理的合约。双方按照签订的合约内容履行各自的职责。

托管投资基金的经理人在美国拥有的从业执照是S65,与开放式基金经理的执照一致。因此,很多开放式基金经理人扮演着双重角色。还有很多离开全面金融服务或折扣服务公司的资深证券经纪人经营起大大小小的托管投资基金管理或咨询公司。

(二)托管投资基金与开放式基金的区别

托管投资基金与开放式基金的区别主要是私募基金形式,具有个性化的投资合约、账号、服务与投资产品选择与管理。

正是托管投资基金有以上讲到的个性化投资服务与管理,其收费方式也具有个性化的灵活性。收费是年服务费用形式,基于投资资产的总量比例计算,一般从1%到3%不等,有的还有盈利提成的比例,最高可达20%。

此外,托管投资基金还可以在资本盈利税务方面根据投资者的具体情况进行个性化的较有利于规划。

开放式基金是公募基金形式,没有个性化的投资管理服务,因而收费也是较低的,基金的年平均总收费约是投资总资产的1.45%。法律不允许开放式基金有利润提成的情况。

不管是托管投资基金还是开放式基金,都有优劣,关键是投资者要会选。对托管投资基金要仔细研究并要特别注意,以防不小心付出昂贵的投资管理费用,却并不见得有好的投资回报,还不如挑选一些物美价廉的开放式基金投资。

(三)托管投资基金的投资客户

在发达资本投资市场,托管投资基金的投资客户主要来自全面金融服务公司。事实上,全面金融服务公司的财富投资顾问把自己许多大客户的大量资产管理外包给众多较优秀的托管投资基金公司。

全面金融服务公司和财富投资顾问充当了桥梁性的投资咨询中介角色。他们帮助自己的客户以咨询形式选择一些较优异的托管投资基金公司，鼓动说服并帮助客户成交外包投资的一切合约内容。一旦外包出去，只要客户的投资资产留在托管投资基金公司，全面金融服务公司和其投资顾问便可和托管投资基金公司共同分享客户交付的投资管理年费。

全面金融服务公司和其投资顾问一般分得客户付出的大部分年费，以作为他们的中介及跟踪投资咨询费；而托管投资基金公司分得客户付出的小部分年费，以作为他们投资资金管理的费用。

除了经由全面金融服务公司和其投资顾问的中介和咨询服务与托管投资基金公司建立业务关系，很多投资者（在自己私人咨询顾问指导下）直接与优秀的托管投资基金公司建立业务，这样每年可以节省大笔昂贵的中介咨询费用。

五、托管投资基金的未来

托管投资基金为什么有如此美好的发展前景？有以下几方面的原因：

1. 全球金融服务公司和投资顾问将会越来越追求把尽可能多的客户投资资产外包给较优秀的托管投资基金公司管理。

2. 金融服务公司和其财富投资顾问可以有源源不断的旱涝保收的投资中介咨询费用，自然也就有了公司和投资顾问经久不衰的盈利和生计。

3. 把客户投资资产外包出去，可以把投资顾问从每天繁杂琐碎的频繁交易中"解放"出来，使他们全力以赴去开发大客户及引入大量投资资产，有更多时间学习提高以便为大客户服务，获取他们的信任和满意，以达到长期保有高端优质客户群的目的。

4. 实践证明，在股市中频繁交易股票，最终是弊大于利，会使多方受损，没有真正的赢者，因为这是短期效应及短期的目标和战略。只有投资客户最终能赚到钱，金融服务机构和投资顾问才会兴旺发达，成为持久的赢者。

全球资本市场有几万家托管投资基金公司，其中不乏极其优秀的世界级投资专家。将客户一部分资产托管给他们管理，也是投资资产分布、投资专家分布及商务赢利经营分布的必要商业战略布局。总而言之，不管金融市场和金融产品再多、再复杂，只要认真研究与长期实践，总是可以不断发现既可以有效防范投资风险，又可以获取较理想回报的优质投资产品。

第三节 防范金融投资风险的组合与措施

太多案例证明，常见的传统投资组合和投资措施已不能有效防范金融投资风险及取得超越股指平均回报率的效果。

一、传统的投资组合和投资战略措施

投资组合主要指根据投资者的具体情况把投资资产分配成什么样的不同比例，投入哪些区域及领域的哪些投资产品。投资战略措施主要指以什么样的计划和方式及时间限度去执行既定的投资组合。

下面简要介绍一些常规的投资组合和投资战略措施。

（一）常规的投资组合

这类投资组合主要分两部分：一是根据投资者类别设计的各种不同比例的投资组合；二是投资组合中的投资产品。

第一，基于投资者的类别，也基于投资者对投资风险的承受能力及要求收益高低的不同，常规的投资组合共有五种类别：

1. 收入类：100% 投入有固定利息和收入的产品。
2. 保守类：75% 投入有固定利息和收入的产品，25% 入股票类的产品。
3. 平衡类：50% 投入有固定利息和收入的产品，50% 投入股票类。
4. 增长类：25% 投入有固定利息和收入的产品，60% 投入股票类，15% 投入其他高风险高回报类。
5. 高增长类：10% 投入有固定利息和收入的产品，70% 投入股票类，20% 投入其他高风险高回报类。

第二，以上常规的五类投资组合模式都有各自的主要投资产品：

1. 收入类的产品：100% 的活期与各类定期存款、各式各样的各区域及各国的公司和国家债券以及各类债券基金。
2. 保守类的产品：绝大部分产品为债券类的，主要是一些个体公司和国家债券及债券基金；极少比例投资股市产品，如单个股票和股票基金。
3. 平衡类的产品：50% 是债券性质的产品，有单个公司和国家的，也有债券基金的；其余的 50% 是股票性质的，包括单个股票和股票基金。
4. 增长类的产品：少数是债券性的，有个体公司和国家债券，也有债券

基金；大多数是个体股票和股票性基金；还有少数是高风险高回报类的投资产品，如对冲基金、期货期权及货币类产品。

5. 高增长类的产品：极少数是债券性的；绝大多数是股票性的，如单个股票和股票类基金；其余是备选性高风险高回报类的，有对冲基金和期货期权及货币类金融产品。

（二）常见的投资战略措施

这类投资战略措施分专业和非专业的。专业性的投资战略措施常见的是长期投资计划，实施计划的方式可以是一次性入场，也可以是多次或定时定量的投入。在长期投资过程中，会根据投资市场、投资人及产品的情况变化对投资计划和产品做一些适当调整。

非专业的投资战略措施五花八门，大多采取短期投资计划，或当投资被套后，无奈又采取长期的投资计划。执行计划的方式常常是一次性入场，或分成几次投入。在短期或长期投资过程中，许多非专业投资者每遇市场有风吹草动，个人情绪波动或投资产品的大小变化，便容易随便大幅或完全改变既定的投资计划，随意卖掉或换掉投资产品，或任意放纵投资战略措施和产品失误与无效。

以上讲到专业和非专业投资战略措施的区别是一般性而论。应该承认，任何类别的人员和其投资战略措施都有一些非常优秀的，也有一些极其糟糕的。

二、与时俱进的投资组合

从长期的投资管理实践中可以发现，传统的五类投资组合比例和产品结构并不理想，实践中的问题很多。从解决这些问题的实践中，探索出更为合理实惠，又能与时俱进的投资组合。

在介绍新颖的投资组合之前，先举几个典型的例子说明传统的五类投资组合比例和产品结构为什么不理想，实践中的主要问题是什么？

首先举例说明传统的五类投资组合比例不合理的问题。最不合时宜的应属收入类。这类客户最为保守，需要安全和收益。然而，收入类组合将投资资产百分之百投入债券类，可组合中的公司类债券并不安全，也不时会出现一些无法收回投资资本和利息的情况。

美国2007—2008年出现以房屋次级贷款引起的债市信用危机波及到债券市场的各个领域，连通常非常安全的活期性短期债券也变得不安全，面值大幅贬值，甚至有些无法按期付息还本。这种情况下，原本最为保守的收益类投资组合却成了最不安全的投资组合，最大的问题就出在将投资资本100%放入债市各类产品，而所有的债券（除了国债类）恰好几乎都卷入到"污泥"之中。

还有一有利证据可以说明收益类和保守类组合在实践中的不合理：懂行人应该知道，债市和股市的运行方向常常呈反向。当股市牛市时，债市又常是熊市。收益类和保守类组合将100%或80%的投资资产全部放在债市同样会遭遇如同股市一般的大熊境况，投资资产照样会出现大量贬值，投资者和财富管理顾问都会面对难以应对的局面。

同样的问题也会出现在增长类和高增长类的组合上。碰上股市熊市，这类组合中的投资资产贬值的程度实在可怕。尽管牛市中赚了大钱，由于是长期投资，并未真正获利到手，大熊时又差不多把盈利还回去了。折腾了许多年，很难有什么好的收益，大多数还不如平衡类的长期收益率。

其次是传统五类投资组合中的产品结构问题。事实上，几乎所有的五类投资组合中的传统产品结构都比较复杂。差不多都会涉及各种个体股票、债券、基金和其他复杂的新型打包产品。

投资组合中的单个股票和债券越多越难跟踪，问题会更多，风险也更大；新型打包产品和复杂产品越多越容易上当受骗，失败和受损自然也越多。

以上说明了传统的五类投资组合在实践中不合理的问题。下面介绍本节重点要讲的与时俱进的投资组合，笔者把自己首次在这里提出的这类投资组合叫作"适应性平衡类投资组合"（Suitable Balanced Portfolio）。它的主要含义是：在资产比例分配和产品种类上挑战和不遵循传统的五类投资组合。任何类别的投资者都可根据自己的具体情况，大胆运用有一定平衡比例的投资组合，同时将有持久好业绩和投资者能够理解的集合性股市和债市投资产品，以及能够超越指数收益率的产品放入组合。

这类新式"适应性平衡类投资组合"有三大优点：其一，任何类别的投资者都可通过该组合避免来自股市或债市大熊期带来的灾难性伤害，也可从两种不同市场获利。其二，组合产品少而精，但几乎全部选择股市和债市上有持久好业绩的投资覆盖面较大的集合性产品，使投资者容易理解、监控及管理，也容易防范投资风险，还可能使投资者基本上得到超越指数收益率的投资回报。其三，可以满足任何投资者在任何市场情况下的不平衡心理，使投资者和其投资顾问能避免在股市或债市极端情况下常可能做出的极端转市或更换大批产品的非理性应急行为。

因此，"适应性平衡类投资组合"具有普遍的适应性，是长期实践的结晶，经得起理论和实践的检验，也称得上是与时俱进的投资组合。

为了更好地理解这类新组合,下面将对该组合中的资产分配比例,可选的覆盖面较大的集合性产品,以及可以超越指数收益率的集合性产品做进一步说明。

(一)"适应性平衡类投资组合"资产分配比例

所有类型的投资者都可采用"适应性平衡类投资组合",但投资资产平衡分配比例要根据不同类型的投资者有所区别。

下面列出笔者对五类不同投资者提出的投资资产平衡分配比例。

1. 收入类:70%投入有保证固定利息和收入的存款、国债和优质债券基金;30%投入有持久好业绩的投资覆盖面较大的集合性及高红利性股票和指数基金。

2. 保守类:60%投入有保证固定利息和收入的存款、国债和优质债券基金;40%投入有持久好业绩的投资覆盖面较大的集合性及高红利性股票和指数基金。

3. 平衡类:50%投入有固定收益和收入的国债和优质债券基金,50%投入有持久好业绩的投资覆盖面较大的集合性股票和指数基金。

4. 增长类:30%投入中长期国债及优质中长期债券基金;60%投入有持久好业绩的投资覆盖面较大的集合性股票和指数基金;10%投入其他优质高风险高回报类集合性产品。

5. 高增长类:20%投入中长期国债及优质中长期债券基金;65%投入有持久好业绩的投资覆盖面较大的集合性股票和指数基金;15%投入其他优质高风险高回报类集合性产品。

(二)覆盖面较大的集合性产品

主要指的是各国有领航性的股票和债券类指数基金、交易所交易基金、托管投资管理基金、开放式共同基金及对冲基金等。

(三)超越指数收益率的集合性产品

不仅要选择以上讲到的覆盖面较大的集合性产品,还要从这些产品中选拔出非常优秀的、能够长期超越指数收益率的来组合"适应性平衡类投资组合"最后,概括三条:

1. "适应性平衡类投资组合"适合于各类投资者运用,但要根据各自情况合理分配投资资产比例;

2. 尽可能全面使用覆盖面较大的集合性产品;

3. 主要选拔有能力长期超越指数收益率的集合性产品进入组合。

只有坚持以上这三条原则，才能算合理运用笔者提出的"适应性平衡类投资组合"，也才有可能达到该组合预期的理想效果。

三、改进和完善传统投资战略措施

传统的投资战略措施在很大程度上已不合时宜，并不能有效防范投资风险，取得计划中的理想投资收益。

投资者常用的传统长期和短期投资计划并不理想，一次性或多次性入场出场也不能算是有利的投资方式，仅仅采取定时定量（Dollar CostEverage）投资措施也不完善。

然而，仅仅运用中期投资的战略措施对大众投资者来讲也是不现实及不全面的。只有长期、中期和短期结合的措施，才是更为合理、现实及全面的投资战略措施，当然应以中期投资的策略为主。一次性或多次性入场出场的投资措施的确也有问题。投资者总在寻找最佳入场和出场时机，可大多数人根本无能力做到这一点，反而常常是在最糟糕的时候一次性入退场或多次性入退场。

定时定量投资措施主要是便于大众投资者长期投资，帮助那些没有投资经验、惧怕入场、总待在市场外观望、等待机会，却又让机会一次次溜掉的投资者能进场投资。

所谓定时定量投资法就是固定时间间隔，以固定金额投资选定的金融产品。这种投资方法不考虑入场时市场和所投产品的走向和高低，到时就会入场按既定数额买入相应的产品量。

举例来讲，投资者每月选定 8 号入场购买上证股指基金，并固定每月投资 800 元。很自然，每月 8 号的上证股指基金的价格有高有低，因而投资者每月买入的价格也就有高有低。一年下来，将 12 个月各不相同的买入价格平均下来，投资者便可获得一个不高不低的平均买入价。

在金融投资市场，没有人知道最高点在哪，也没有人知道最低点在哪，一般人能买到市场的平均价就比较知足了。

不过，定时定量投资措施正如其名所表述的，只注重到时按量入场买入产品，并未强调高质量的产品组合与适时调整，容易使投资者将钱源源不断地投入一两种产品，也不太关注投资产品运行情况以便对其进行适时调整，其结果也会不时出大乱子。最典型的应属美国安然公司的职工退休金案例：安然公司倒闭前，大量职工就是按照定时定量投资法把每月的积蓄按时定量不断投入公司的股票。当遭遇安然公司倒闭时，他们积累了几十年的退休金几乎一夜间损失殆尽。

对投资战略措施的改进和完善：一是要通过传统的定期定额投资方式，加上"定质量定组合定调整定复利"的投资策略，把投资复利威力（Compounding Power）完全贯穿到投资战略中，把长期、中期和短期投资策略与措施有机结合起来。

二是要注重中期投资战略措施，在股市牛市高峰和熊市低谷时要有所作为，不能坚守传统僵硬的长期投资基本不作为的策略与行为。

三是要有满足投资者学习实践、冒险投机及不断总结经验教训的客观合理的、人性化的投资措施。

在介绍以上有新颖内容的三类投资战略措施之前，很有必要对投资复利的威力做较详细的介绍。

（一）复利的奇妙威力

有人说过复利（利滚利）是世界第八大奇迹。爱因斯坦认为复利是人类最伟大的发明。如果没有复利，财富之树生长的速度将大大放缓。

投资者只有理解了复利的奇妙威力，才可能真正自觉自愿地将复利的威力融入自己的投资策略和措施中。

现实中，很多投资者一遇熊市便很难做到始终如一坚持定时定量投资，一定要纠正这种错误的观念和错误的做法。

只有始终坚持定时定量投资，才能保证定复利及获取复利的最大收益效果。

总之，传统的定期定额投资理论和措施非常优秀，但并不完善，投资者在实践过程中仍然会遭遇许多问题和困惑。只有将传统的定期定额投资措施与笔者主张的"定质量定组合定调整定复利"这些内容结合起来，才能完善这条理论和实践内容，才能使投资者更好地运用它，并从中得到真正实质性的长期收获。笔者认为，"定期定额＋定质量定组合定调整定复利"投资战略措施不仅适用于大众投资者，也适合于其他类别的，包括一切机构投资者。任何投资者只要长期坚持这类投资战略措施，便基本可以保证达到预期的长期理想投资回报率。

（二）热血沸腾时的果断调整

这属于中期投资战略措施之一。前面的章节都已详细介绍过，市场经济、利率、股市、债市和汇市都各有周期。这些周期基本都属于中期性的，一般是5至10年（商品及地产类是15到20年）来一次。

忽视市场周期及不作为的观念和行为是错误的，也是投资战略措施的严重失误。

因此，一定要有中期投资战略措施，特别是在疯牛市的后期，当绝大多数投资者都热血沸腾、忘乎所以的时候,当投资回报率出现奇高的时候,一定要对投资采取果断性调整,至少应有 20%~30% 的调整。一般将牛市中的资产转入其他熊市中投资,或先转入活期或定存类。

要记住,谁也不可能知道市场最高点一定在哪,最低点在哪。只要自己赚了钱,当时觉着满意就够了!贪婪性地抓最高点,只能误入歧途,最终自己倒大霉。另外,市场的走向一般都是 50 : 50 的机遇,只要调整比例不超过 50%,投资者的机遇仍在,心理也会基本保持平衡。

还应记住,市场从牛市调整为熊市的时间在美国一般平均需要一年半时间,中国市场的调整期不太规律,但应该不少于一年左右。所以,投资者在投资调整后,不要随意再跟风改变自己既定的中期投资战略措施。否则,同样会吃大亏。

（三）痛不欲生时的灵活投资

这同样属于中期投资战略措施之一。投资者除了要在牛市高峰期进行果断出场的调整,还要在熊市低谷时敢于进场投资。

当几乎所有的人都发出悲观的评论,当绝大多数的投资者都痛不欲生,当市场上充满了十分恐怖的经济、金融、政治、战争等消息时,这常常就是最好的入场时期。

很少有人会买到最低点位,如果有必要,投资者可以分几批入场。想想看,市场已大降了百分之几十,这时进场买入股指类集合产品,这难道不是一笔未来的财富吗?因为绝大多数的国家不会倒闭,其国家的股指也几乎永远不会倒闭,而且最终要越走越高。

（四）满足冒险心理的投资措施

投资者需要不断学习与实践,大多数也都需要能满足自己学习实践、冒险投机及不断总结经验教训的客观合理的、人性化的一些投资措施。

制定这方面的投资措施应该有条原则,这就是不能把大部分投资资产或全部资产供自己学习实践与投机冒险用。一般投资者只能将自己投资总资产的 10%~15% 用于这方面的尝试。其他约 85% 应交给市场上各类优秀的投资专家来管理,也就是通过"定期定额＋定质量定组合定调整定复利"投资措施对他们管理的各种优异的集合性产品（基金和股指基金类）进行投资。

投资者仅用投资资产的极少部分用于购买自己看好的各种单个股票、债券和其他产品,即使大多都输掉了,也不碍大事,因为还有 85% 左右的资产基本在稳妥投资。

人有七情六欲,人生有酸甜苦辣,人性需要尝试与适当冒险,人生也应该是丰富多彩的。理财投资是人生最重要的课题和职能之一，不能也不应因为有困难有风险就放弃自我尝试与实践。成功与失败是一对孪生兄弟，是人生每天都面对的现实。没有尝试也就没有失败，没有失败也就没有成功，也就没有人生的精彩与超越。

所以，每个投资者都应有自己"探索冒险"金融投资市场的投资战略措施，只不过要量力而行，有风险意识及防范风险的有效措施，以防有灭顶之灾。

参考文献

[1] 朱淑珍. 金融风险管理 [M]. 北京：北京大学出版社，2013.
[2] 颜伟荣，郝博策，李涓. 初探中国网络金融风险监管模式的构建 [J]. 济研究导刊，2013，（6）：69-70.
[3] 高雪梅. 前后台业务分离对银行操作风险管理的影响及相应的监管思路 [J]. 现代经济信息，2013（11）：271.
[4] 杨益波. 准确定位金融审计 完善金融监管体系 [J]. 现代审计与经济，2013（4）：12-13.
[5] 杜惠芬，杨筱燕. 金融风险管理 [M]. 北京：中国财政经济出版社，2012.
[6] 王大威. 系统性金融风险的传导、监管与防范研究 [D]. 北京：中国社会科学院研究生院，2012.
[7] 温红梅，姚凤阁，娄凌燕. 金融风险管理 [M]. 2版，大连：东北财经大1出版社，2012.
[8] 桑德斯，科尼特. 金融风险管理 [M]. 王中华，陆军，译. 5版. 北京：人民邮电出版社，2012.
[9] 张金清. 金融风险管理 [M]. 上海：复旦大学出版社，2012.
[10] 约翰 C. 赫尔. 期货与期权市场导论 [M]. 周春生，付佳，译. 北京：
[11] 温红梅，姚凤阁，林岩松. 金融风险管理 [M]. 沈阳：东北财经大学出版社，2015.
[12] 杨力，金融风险管理 [M]. 北京：清华大学出版社，2014.
[13] 韩国文. 金融市场学 [M]. 北京：清华大学出版社，2014.
[14] 钱晔. 货币银行学（第3版）[M]. 沈阳：东北财经大1出版社，2010.
[15] 宏章教育银行业从业资格考试研究院. 风险管理（2014最新版）[M]. 北京：中国财政经济出版社，2014.
[16] 何自云，商业银行管理 [M]. 北京：北京大学出版社，2014.
[17] 高晓燕. 金融风险管理 [M]. 北京：清华大学出版社，2012.
[18] 王勇，隋鹏达，关晶奇. 金融风险管理 [M]. 北京：机械工业出版社，

2014.

[19] 戎生灵. 金融风险与金融监管 [M]. 北京：中国金融出版社，2007.

[20] 李绍环. 金融风险管理概论 [M]. 大连：东北财经大1出版社，2013.

[21] 郭田勇. 金融监管学（第3版）[M]. 北京：中国金融出版社，2014.

[22] 刘应森. 马郧等，金融学 [M]. 北京：经济管理出版社，2012.

[23] 李雪茹. 现代金融学 [M]. 广州：中山大学出版社，2005.

[24] 史福厚. 金融监管导论 [M]. 北京：中国商务出版社，2004.

[25] 祁敬宇，祁绍斌. 金融监管理论与实务 [M]. 北京：首都经济贸易大学出版社，2007.

[26] 赵霜苗. 现代金融监管 [M]. 北京：对外经济贸易大学出版社，2004.

[27] 史锦华. 金融开放对金融监管有效性影响研究 [M] 北京：中国财政经济出版社，2007.

[28] 郭田勇. 金融监管学 [M]. 北京：中国金融出版社，2014.

[29] 全国经济专业技术资格考试研究院. 经济基础知识（中级）讲义·真题·预测全攻略 [M]. 北京：清华大学出版社，2014.

[30] 卞志村. 金融学第2版 [M]. 北京：人民出版社，2014.

[31] 陈大钢. 创新型国家与经济法研究 [M]. 上海：上海财经大学出版社，2007.

[32] 韩守富，马斌，吴世真，霍朋军，程金辉. 后金融危机背景下的金融监督 [M]. 北京：社科学文献出版社，2012.

[33] 孟钊兰. 中央银行学（第2版）[M]. 西安：西安交通大出版社，2012.

[34] 李贵波. 从银行监管角度看我国银行风险分析 [J]. 西安金融，2006（2）.

[35] 王丹. 私募股权投资在中国的发展 [J]. 经济研究参考，2008（46）.

[36] 王玉荣，李军. 风险投资对中小企业自主创新影响的实证分析 [J]. 山东科技大学学报，2009（2）.

[37] 白钦先，谭庆华. 论金融功能演进与金融发展 [J]. 金融研究，2006（7）：41-52.

[38] 范俏燕. 商业银行住房抵押贷款提前还贷风险管理研究 [J]. 浙江金融，2007（3）：55-56.

[39] 高山. 住房抵押贷款提前还贷风险管理研究 [J]. 金融与经济，2008（3）：20-22.

[40] 吴青. 住房抵押贷款提前还贷风险分析及管理 [J]. 南方金融，2005（5）：17-20.